Mueve TU DINERO

...y hazte rico

Aitor Zárate

Mueve TU DINERO

...y hazte rico

Los secretos financieros
que los expertos saben
y nosotros no

ESPASA

ESPASA

Primera edición: octubre, 2007
Segunda edición: octubre, 2007
Tercera edición: noviembre, 2007

Diseño de cubierta: R. F.
Foto del autor: Carlos Zuluaga: Aitor Zárate en el Stonepony de Ashbury Park, NJ

Depósito legal: M. 47.421-2007
ISBN: 978-84-670-2604-7

Impreso en España / Printed in Spain
Impresión: Unigraf, S. L.

Editorial Espasa Calpe, S. A.
Vía de las Dos Castillas, 33
Complejo Ática - Edificio 4
28224 Pozuelo de Alarcón (Madrid)

Índice

Este libro está dedicado a dos personas, amigos entre sí, que han sido, y lo seguirán siendo, importantes en mi vida.
En primer lugar, a mi padre que, al morir y sin quererlo, puso la primera piedra para iniciar el camino que me iba a llevar de niño a lo que hoy soy.
Y en segundo lugar, a Jacinto Fernández, por su amistad, por haberme hecho reír tantas veces y por la admiración que sentía por todo lo que yo hacía y hasta el final de su existencia.

1
La sorpresa

Me llamo Andréu Malfiat y no soy rico.

Soy desconfiado e incrédulo por naturaleza, y, por supuesto, y haciendo gala de estos dos importantes rasgos de mi personalidad, no creí ni una sola palabra de lo que mi amigo Javier Martos (primera persona que visitó al rico Roberto Santa Rita en su *loft* de San Juan de Luz) me contó con respecto a la historia de cómo cambiar de vida para hacerse rico en tiempo y dinero, como parece que le gusta recalcar a él.

De todos modos, y a pesar de todo, he de reconocer que desde que me contó toda su experiencia tengo un sonsonete que no hace más que martillearme el cerebro: ¿Y, si fuera todo cierto y posible?

Lo del clavo que me machaca la cabeza no termina ahí: una noche, era miércoles, me desperté sobre las dos y media de la madrugada con un sudor frío y recordando, palabra por palabra, todo lo que Javier me había contado sobre su estancia en casa del rico.

Tras toda la noche sin pegar ojo, y a una hora que me pareció prudencial (ocho de la mañana), decidí llamar a Javier:

—Te voy a pedir un favor —le dije a bocajarro.

—¿Qué hora es, Andréu? —me preguntó con cierto tono molesto.

—Temprano, muy temprano.

—Tienen razón los que dicen que donde hay confianza da asco; pero adelante, dime.

—Quiero que llames a Roberto Santa Rita e intentes conseguir que nos reciba —dije, imaginando la cara que estaría poniendo Javier al oír mi petición, sobre todo teniendo en cuenta lo que había criticado y puesto en tela de juicio aquello que me había contado acerca de su primera estancia en casa del rico.

Javier con un tono gélido en su voz, contestó:

—No.

—¿No lo vas a hacer? —pregunté sorprendido.

—Haré algo mejor.

—¿Qué?

—Te hago una proposición ahora mismo: mañana, viernes, a primera hora, cogemos el coche y nos vamos a pasar el fin de semana a San Sebastián, conozco un hotel muy coqueto, y el sábado temprano le llamaremos para pedirle la cita. ¿Qué te parece?

—¿No se enfadará si le llamamos temprano?

—No hay problema; se levanta muy pronto. Siempre cuenta que Aristóteles Onassis, el ya fallecido multimillonario griego, decía que para ser rico había que observar dos cuestiones imprescindibles, y una de ellas era levantarse temprano, e imagino que Roberto sigue su ejemplo.

—Y, ¿cuál era la segunda?

—Se la preguntas a Roberto cuando lo conozcas.

—¿No será mejor llamarle antes para hacer el viaje yendo sobre seguro? —le propuse en plan «conservador».

—Si me pides el favor, obviamente sin saber el riesgo que corres si Roberto acepta, tendrás que demostrar que estás realmente interesado y dispuesto a arriesgar.

—¡Joder!, de acuerdo; pero, ¿por qué dices que no sé el riesgo que asumo si acepta?

—Ya irás conociendo a don Roberto. No le llames nunca así, que no le gusta nada.

Y, dicho y hecho, el viernes por la mañana, Javier vino a recogerme a mi casa y salimos de Barcelona rumbo a San Sebastián: primero tomamos la autopista en dirección a Zaragoza, luego a Pamplona, y por la autovía de Leizarán llegamos a la majestuosa bahía de la Concha, donde se encontraba ubicado el hotel en el cual nos íbamos a hospedar y donde, precisamente, me encuentro en estos momentos desayunando unos magníficos cruasanes.

—¿Estás listo? —preguntó Javier a Andréu justo antes de pulsar la tecla de envío que haría que el mensaje llegase al teléfono privado de Roberto y que representaba el inicio de la petición formal de una cita.

—¡Pulsa ese maldito botón de una vez! —le conminó Andréu.

Javier Martos, con un revoltijo de sensaciones que le recorrían el cuerpo, así lo hizo (eran las ocho en punto de la mañana del sábado): por una parte, ansiedad por saber qué haría Roberto ante la recepción del mensaje que acababa de enviar y, por otra, placer, confiando en que la respuesta fuese afirmativa y así tener de nuevo la oportunidad de visitar el *loft* con suelos acristalados e impresionantes vistas al mar y, sobre todo, el «portaaviones» (lugar desde donde Roberto Santa Rita desarrollaba la actividad que le había llevado a estar en la situación en que se encontraba en el presente) y, así, aprovechando la recién despertada curiosidad de su incrédulo amigo, poder seguir avanzando en la elaboración del plan que pretendía le condujese a su objetivo.

—Tendremos que esperar —dijo Javier una vez hubo enviado el mensaje.

—Esperemos entonces —contestó el incrédulo sin demasiadas esperanzas y convencido de haber desperdiciado el viaje.

Andréu Malfiat quería a toda costa conocer a Roberto para poder hacerle todas las preguntas, una detrás de otra, que le asaltaron la otra noche y averiguar, de una vez por todas, si era posible que alguien hubiese conseguido lo que él siempre había ansiado: ser rico y tener todo el tiempo que desease para hacer aquellas actividades que le apeteciesen.

Quizá era esto lo que más le molestaba del personaje: al no haber sido capaz de conseguirlo hasta la fecha, no podía creer que existiese alguien que lo hubiese logrado. Reconoció su envidia.

Pero, aun reconociéndolo, no estaba dispuesto a salir de allí, si Roberto accedía a recibirles, sin todas las respuestas a las preguntas que llevaba concienzudamente preparadas.

Quería que fuese cierto, pero no tenía mucha confianza: Él era un incrédulo.

De todos modos se había prometido algo a sí mismo:

Si Roberto Santa Rita contestaba a las preguntas y lograba convencerle, él, Andréu Malfiat, uno de los mayores incrédulos sobre la faz de la tierra, comenzaría el camino al día siguiente.

Son las ocho y tres minutos de la mañana de un sábado cualquiera; estoy en la playa, jadeando; acabo de terminar mi carrera diaria y estoy esperando a que me bajen las pulsaciones.

Camino descalzo por la orilla con el agua hasta los tobillos; no hay nadie, todo está en silencio, el murmullo de las olas es lo único que oigo. Realmente impresionante.

A ambos lados, todo es bello: a la derecha, el mar en calma, cosa rara por estos pagos, el sol saliendo majestuoso por el horizonte; y a la izquierda, como a unos cien metros, más bella si cabe, veo a Carmen que está en casa regando una de las plantas que se ha empeñado en comprar para dar vida a nuestro hogar.

Siempre he dicho que hubo dos cosas que en su momento me cambiaron la vida, pero realmente fueron tres: Bruce Springsteen, los futuros y Carmen.

En cuanto se estabilice mi pulso, estiraré los músculos de las piernas y volveré a casa, donde, con toda seguridad, me espera un mollete con tomate, jamón (pata negra, no francés, que es horrible) y aceite.

El aceite, por supuesto prensado en frío, es de un pueblito de la provincia de Badajoz (tenemos un amigo que posee una almazara de donde sale el mejor zumo de aceituna que he probado en mi vida).

¿Hay mejor manera de empezar el día?

Por supuesto que no.

¿Queréis saber a quién debo el haber cambiado mis hábitos nutricionales?

A mis buenos amigos: Iker y Edurne, de San Sebastián, y a Senén, de Barcelona. Se dedican al rejuvenecimiento de cuerpos, o dicho de otra manera, a aplicar todos sus conocimientos para evitar la oxidación del organismo con el objetivo, por lo menos en mi caso, de ser más eficiente en aquellas actividades que realice y, así, llevar una vida más plena.

Al entrar en la casa, beso a Carmen y digo:

—Cariño, me ducho y desayunamos.

—¡Perfecto! He traído prensa española.

—¡Bien!

—Por cierto: mientras estabas fuera ha sonado tu teléfono móvil francés; imagino que será un mensaje.

Roberto tenía dos teléfonos: uno español, que, conocido por bastantes personas, no había dejado de sonar en el último año. Y, otro francés, conocido por muy pocos.

Tras la ducha se puso unos pantalones de lino color crema y una desgastada camiseta negra con la cara del *Boss,* conmemorativa del concierto celebrado en el Estadio Vicente Calderón, de Madrid, en el tórrido verano de 1988, que había corrido repetidas veces el riesgo de acabar en la basura por la acción de Carmen, que decía que ya solo servía para trapos de cocina, con lo que Roberto, obviamente, no estaba de acuerdo: era una de sus favoritas y le tenía especial cariño.

Mientras se sentaba a la mesa pulsó las teclas de su móvil para saber quién le había enviado un mensaje a su teléfono privado a esa hora tan intempestiva para el común de los mortales.

—«Llámame cuando puedas. Javier Martos» —rezaba el mensaje.

—No podía ser otro —murmuró Roberto.

—¿Quién es, cariño?

—Mi alumno preferido, que se sigue tomando al pie de la letra los compromisos conmigo adquiridos.

Hacía exactamente un año, Roberto le había dicho que le encantaría hablar con él una vez hubiese transcurrido ese tiempo para comprobar sus progresos y prestarle ayuda en caso de que la necesitase.

—Tendrás que llamarle, ¿no? —dijo Carmen.

—En cuanto termine de desayunar y de leer la prensa, lo haré.

Y dicho y hecho: cuando hubo terminado de leer la prensa y tras estar hablando con Carmen sobre dónde cenarían esa noche (todos los sábados lo hacían en algún lugar diferente de la provincia de Guipúzcoa), Roberto tecleó el número de Javier Martos, protegiendo la llamada para que su pupilo no supiese de dónde provenía.

Eran las diez de la mañana.

—Sí, dígame —contesto Javier con aire distraído.

—Buenos días, Roberto al habla.

—¡Qué alegría, maestro!

—¿A qué debo tan grato honor?

—Me imagino que no se te habrá olvidado la oferta que me hiciste hace un año, ¿verdad?

—Claro que no; la recuerdo perfectamente.

—¡Bien! Pero el motivo de mi llamada no es ese.

—¡Ah!, ¿no?

—Quiero pedirte un favor.

—Dispara.

—Tengo un amigo al que le conté nuestro fin de semana y me gustaría que te conociese —soltó de sopetón Javier, imaginando la cara que estaría poniendo Roberto.

—Sigue.

—Solo quisiera que nos recibieses durante unas horas para que le explicases… —dijo el alumno, dejando la última palabra suspendida en el aire.

—¿Otra vez todo? —interrumpió Roberto.

—No. Mi amigo es un poco desconfiado y no cree en casi nada; no cree siquiera que existas.

—Esto promete; pudiera ser divertido.

—¿Eso es un sí?

—Es un sí. ¿Dónde estás? —dijo Roberto mientras miraba distraídamente a través del amplio ventanal.

—En San Sebastián.

—¿Qué? —contestó el maestro, sorprendido.

—Y estoy con mi amigo.

—¡No me lo puedo creer!

—Tú me enseñaste que hay que arriesgar en la vida si se quiere ganar, ¿no?

—Cierto, pero...

—Llamé a mi amigo y le dije que nos íbamos de viaje y que, sabiendo tus horarios, te llamaría temprano para ver si nos podías dedicar un poco de tu tiempo.

—Esta vez has ganado: a las diez y media en mi casa; ¿recuerdas el camino?

—Por supuesto; allí estaremos.

—Aquí os esperamos.

—Por cierto, ¿a cuántos novatos has recibido este año? —preguntó Javier.

—A unos cuantos —dijo Roberto mientras colgaba el teléfono.

—Carmen, no te lo vas a creer: Javier Martos está en San Sebastián; viene hacía aquí, y no viene solo.

—¿Eso quiere decir que peligra nuestro plan de cena para esta noche? —preguntó Carmen tímidamente.

—De eso nada: pase lo que pase saldremos puntuales de aquí y, a las ocho y media de la tarde estaremos sentados a una mesa de nuestra sidrería favorita en el pueblo de Astigarraga.

Mientras Carmen y Roberto se besaban a escasos dos metros de la puerta de entrada del «portaaviones», sonó el timbre de la puerta. No hicieron caso.

El timbre sonó de nuevo y Carmen dijo:

—¿Abrimos?

—Creo que debemos.

—Vale, pero esta noche no te libras.

—Prometo dejarme —dijo Roberto mientras se dirigía a la puerta de entrada para recibir a sus invitados.

—Te presento a mi amigo Andréu Malfiat, que, desde que le conté nuestro fin de semana, está ansioso por conocerte y hacerte alguna que otra pregunta —dijo Javier Martos nada más Roberto abrir la puerta, impaciente y en tono jocoso.

—Encantado, Roberto —dijo el incrédulo con timidez fingida.

—Lo mismo digo —contestó el anfitrión con una sonrisa de oreja a oreja y apartándose del umbral de la entrada para dejar pasar a Andréu y a Javier.

—He venido a comprobar si existe alguien que haya hecho algo que he querido conseguir desde siempre y que, sinceramente, me parece una utopía —fueron las primeras palabras, a destiempo, del nuevo visitante.

—Tranquilo, amigo; hay tiempo para todo —dijo Javier.

—Efectivamente —interrumpió Andréu, haciendo caso omiso a las palabras de su amigo—; no digo que no sea posible, pero, sinceramente, me parece una milonga y quisiera que me lo pudieses explicar.

—¡Buf, qué mal empezamos! —murmuró Javier.

—No, Javier; déjale, es normal que haya mucha gente a la que le cuentes ciertas cosas y no se las crea porque están fuera de su mundo, alcance, información y conocimiento; o mejor dicho, estando a su alcance, nunca han demostrado interés por ello, por averiguar si existe un camino diferente al que hasta la fecha han seguido. Y, después de esta breve introducción, ¿qué propones para saciar tu curiosidad? —preguntó Roberto sin dejar respirar a nadie.

—Como te he dicho, tengo unas preguntas —dijo la visita con suavidad ensayada.

—¿Y qué pretendes con ellas?

—Javier me ha comentado que eres una persona de objetivos, y hoy me he propuesto comprobar si eres capaz de hacerme conseguir los dos que tengo al venir aquí.

—Veamos cuáles son.

—El primero es que contestes con claridad, sin irte por las ramas, a mis preguntas y tus respuestas me convenzan. Y el segundo: que me expliques, de una vez por todas, porque no lo veo nada claro, qué hiciste exactamente para conseguir la independencia financiera.

—¡Yo también tengo un objetivo para el día de hoy! —saltó Javier casi enlazando sus palabras a las de su amigo.

—¡Buf! ¡Cuánto trabajo voy a tener! ¿Cuál es tu objetivo, Javier? —preguntó Roberto con tono cansino.

—Saber los pasos concretos que tengo que dar para iniciarme, de una vez por todas, en el mundo de los futuros y saber, así, cómo poner en práctica todo lo que me enseñaste en nuestra primera cita.

—¿Eso es todo?

—Sí —dijeron al tiempo Javier y Andréu.

—Muy bien. No os preocupéis, pondré todo de mi parte para convencer a Andréu y dar las claves a Javier para que inicie su plan.

—Presiento que va a ser un día memorable —dijo Javier.

—Eso espero —añadió el incrédulo.

—Por mi parte, adelante —dijo Roberto.

—¿Estás preparado para empezar? —preguntó Andréu desafiante.

—Lo estoy; solo tengo una pregunta: ¿de verdad quieres conocer el cómo? —dijo Roberto mirándole directamente a los ojos.

—Por supuesto —contestó el incrédulo con seguridad.

—Quieres jugar, ¿eh? ¡Vamos a jugar!

—¡Eso, eso! —dijo Javier con tono infantil.

—Muy bien: me parece excitante la osadía demostrada por Andréu y no esperaba menos de Javier. Intentaré hacerlo lo mejor posible, pero...

—Siempre lo hay —añadió Javier.

—¿Qué es lo que siempre hay? —preguntó Andréu.

—Con Roberto siempre hay un «pero».

—¿Puedo proseguir? —preguntó sarcástico el señor de la casa.

—Por favor —dijo Andréu Malfiat.

—Gracias. Quiero establecer dos condiciones: primera, lo haremos a mi manera. Y, segunda, dejar una cosa clara, y que conste que no digo que tú seas uno de ellos:

no soporto a esos personajes que hablan y/o critican sin tener conocimiento, información, ni argumentos sólidos para defender sus posiciones. Así que espero que «hilemos fino».

—Lo intentaré —respondió el incrédulo con aire de suficiencia.

—Normalmente, los que enjuician u opinan sin saber del tema del que hablan son unos indocumentados patéticos.

—Pienso que todo el mundo tiene derecho a opinar, siempre que se sepa de lo que se habla.

—Si una persona no sabe de lo que habla creo que no debiera tener derecho a opinar.

—¡Hala! —exclamó Carmen.

—Por poner un ejemplo claro y para que no se me subleve la tropa: yo, Roberto Santa Rita, NO TENGO NINGÚN DERECHO A OPINAR sobre medicina, porque no tengo ni idea del tema.

—Es decir, los que somos incultos en un tema concreto tendríamos que estar callados, escuchando e intentando aprender, siempre que tengamos interés, de los que saben más que nosotros.

—Repito: no digo que tú seas uno de esos. Pero, por si acaso.

—¡Ese es mi chico! —exclamó Javier—. Siempre haciendo amigos.

—El sol sale por el este y algunas cosas son como son.

—Me parece perfecto tu razonamiento y acepto tus condiciones —respondió Andréu.

—Voy a contestar con pragmatismo, dirección y explicando claramente qué hacer ante cada situación, pero si al final «hemos» conseguido contestar a tus preguntas —hablo en primera persona del plural porque vamos a trabajar en equipo—, tienes que prometerme una cosa.

—Dime.

—Que iniciarás el camino que tracemos hoy aquí. ¿Te parece razonable?

—Me parece totalmente razonable —contestó Andréu, que ya antes de entrar en la casa se lo había prometido a sí mismo.

«¡Ya ha caído en la primera trampa!», pensó Carmen.

—¡Ja, ja, ja! —rió Roberto—. De acuerdo entonces; dispara.

—Tengo una sorpresa —dijo el «incrédulo» con solemnidad y dándose perfecta cuenta de que con esas tres palabras había conseguido captar la atención de todos.

—Tú dirás —dijo Roberto totalmente sorprendido.

—He traído las preguntas en modo de tarjetas que sé que te gustan.

—¡La leche! —exclamó Javier completamente sorprendido.

—Esto va a ser muy divertido —dijo Roberto entusiasmado.

—Así lo espero —dijo, lacónico, el incrédulo.

—Vamos entonces con esas tarjetas —ordenó Roberto.

2
Tarjetas incrédulas

¡Adelante! —ordenó Carmen.

—Formula primero las preguntas que tienes preparadas e intentaré contestarlas. Y si, a lo largo de la conversación, surgen algunas nuevas, les daremos respuesta sobre la marcha.

—Me parece perfecto. Pero, intenta, por favor, dejarte de tonterías y explicar de modo pragmático cómo lo hiciste en realidad —dijo la visita en tono agresivo.

—¡Ja, ja, ja! Si algo es nuestro amigo Roberto es pragmático, por eso no te preocupes —sentenció Javier.

—Puedes estar completamente seguro de que no se andará por las ramas —apuntilló Carmen, siempre al quite.

—¡Vamos allá con esas cuestiones! —exclamó Roberto como si no se hubiese percatado de la intención que se desprendía de las palabras del incrédulo.

—Bien… —inició el nuevo invitado.

—Perdona, Andréu —interrumpió Roberto, mirando a Javier—. Imagino que saldrán aspectos que ya tratamos en nuestro primer fin de semana; te pido un poco de paciencia.

—No te preocupes; me encantará refrescar conceptos.

—Ahora sí, ¡adelante, Andréu! —dijo el señor de la casa.

—Traigo mis tarjetas para que no se me olvide nada —dijo Andréu repetitivamente.

En ese momento el invitado incrédulo comenzó a disparar una sarta de preguntas a velocidad de vértigo y con cierto aire malicioso, claramente molesto.

—¡Para, para! —ordenó Roberto, interrumpiendo al amigo de Javier.

—Creo que esto se va a complicar más de la cuenta —dijo casi en un susurro Javier Martos.

Al sentirse abrumado con tantas preguntas, Roberto dijo con tono desafiante:

—¡Perdone, señor Malfiat! A usted, realmente, ¿qué es lo que le preocupa?: que yo haya conseguido el objetivo y usted no, que no sabe cómo hacerlo y viene aquí para aprender, o qué. Imagino que para decidir venir a mi casa y exponer las preguntas con ese talante que percibo, venenoso sin duda, cosa que, dicho sea de paso, no me intimida en absoluto, tendrá argumentos de mucho peso para discutir conmigo. ¿No es así? —concluyó Roberto con un tono de voz realmente duro.

—Tendrás que arriesgar —susurró Javier a su amigo.

—Creo que tengo los argumentos —dijo Andréu, sabedor de que tenía la posibilidad de aprender mucho y dándose perfecta cuenta de que el tono con que había iniciado su alocución no había sido el más idóneo.

—La envidia y la crítica sin argumentación no tienen lugar en esta casa. Si, por el contrario, estás realmente interesado y abierto a lo que tengo que contestar, es decir, no con una idea ya preconcebida antes siquiera de escuchar mis respuestas, estaré encantado de exponer lo «poco» que sé. Siempre me ha gustado departir con personas que están realmente interesadas en mis ideas y proyectos, y por el contrario no me gustan los «listillos».

—Perdón, no ha sido mi intención dar esa imagen. Y, créame que quiero saber todo lo que usted esté dispuesto a contarme.

—Trátale de tú, por favor —dijo Carmen al comprobar que había cambiado el tipo de trato.

—De acuerdo.

—En ese caso, prosigamos —sugirió Roberto, suavizando el tono respecto a su intervención anterior.

—¿Qué te parece si lees todas las preguntas que tienes apuntadas? —repitió Carmen, rebajando la tensión que se había creado.

—Vamos a asignarle un número a cada tarjeta y así seguimos un orden —dijo Roberto, entregándoselas a Carmen—. Ella tiene mucha experiencia y las preparará en un boleo. Y, así, nos servirá para saber en qué punto estamos en cada momento, de hoja de ruta. ¿Os parece?

—Me parece perfecto; pero creo que no será necesario que Carmen haga nada —dijo Andréu, extrayendo una caja de su mochila.

—¡Esta sí que es buena! —exclamó Roberto.

Roberto tomó la caja, la abrió y ojeó todas y cada una de las tarjetas.

—Aviso —anunció con solemnidad—: después de contestar a cada una de estas tarjetas creo que iré ampliando la información con más preguntas, porque veo que te has quedado un poco corto. ¿De acuerdo?

—¡Impresionante! —exclamó Andréu, realmente sorprendido—. Vengo a tu casa a bombardearte con un montón de preguntas y no solo las vas a contestar, sino que vas a responder a otras que tú mismo vas a realizar para ampliar mi información y saciar mi curiosidad.

—¡Me va la marcha! Qué le vamos a hacer.

—¡Prepárate! —dijo Carmen.

—Andréu, no olvidarás fácilmente este día —le recordó Javier a su amigo.

—Me voy dando cuenta...

—Voy a leer todas las preguntas de una vez para que tengáis una idea general de por dónde quiere el señor Malfiat que transcurra la jornada.

—Adelante.

Roberto leyó en voz alta los números de las tarjetas con sus preguntas correspondientes. Eran estas:

1) ¿Por qué has dejado tu tranquila vida y te has liado a enseñar si puedes vivir como un marqués? ¿Por qué malgastar tu tiempo en desvelar tus trucos?

2) Si tu sistema de inversión funciona tan bien, ¿por qué enseñarlo?

3) ¿Estás seguro de que cualquier persona que siga tus ideas y filosofía puede conseguir la independencia financiera? ¿Qué requisitos se necesitan para empezar el camino?

4) ¿Cómo marco mi objetivo?

5) ¿Cómo sé qué inversiones debo hacer en cada momento?

6) ¿Qué riesgo tienen mis inversiones? ¿Están protegidas?

7) ¿Por qué te gusta tan poco la inversión inmobiliaria si está claro que es la mejor?

8) ¿En qué banco puedo confiar? ¿Quién me da más por mi dinero?

9) ¿Cuáles son los pasos concretos que tengo que dar para iniciarme en el mundo de los futuros?

10) ¿Qué camino tengo que recorrer para ir desde donde estoy hasta el objetivo?

11) ¿Qué te parece la inversión en acciones?

12) ¿Es cierto que puedo hacer mi propio plan de pensión privado?

13) ¿Puedes recomendarme algún libro para iniciarme?

—¿Y eso es todo?

—¿Te parece poco?

—Sinceramente, sí.

—En resumen: tenemos trece tarjetas incrédulas, mas no sabemos cuántas nos presentará Roberto Santa Rita —dijo burlonamente Javier Martos.

—Me parece perfecto —dijo Andréu.

—Antes de empezar tenemos que aprender a actuar teniendo siempre *in mente* un par de principios sobre los que basar nuestras acciones: la necesidad y la eficiencia.

—No entiendo nada —dijo Andréu.

—Es muy sencillo: siempre que nos dispongamos a hacer algo dentro de nuestra vida nos preguntaremos si lo que vamos a hacer es necesario y eficiente, y si encaja en nuestro plan para alcanzar el objetivo que deseamos con todas nuestras fuerzas conseguir. Sé que al escuchar las palabras necesidad y eficiencia vuestra mente, por lo menos en el caso de Javier, de inmediato se traslada a pensar en el tema de los gastos.

—Efectivamente —asintió Javier Martos.

—Pues yo diría que... Hoy no toca hablar de los gastos, porque me imagino que ya tendrás clara la diferencia entre los que son necesarios y los superficiales. Me refiero a que cualquier acción que decidamos emprender tendrá que cumplir los dos principios mencionados. También quiero comentaros que estamos aquí para racionalizar nuestros talentos, saber qué tenemos que mejorar, conocer las armas y cómo debemos utilizarlas para conseguir el objetivo marcado.

—Déjate de rollos —dijo Carmen—, y vamos a empezar.

—Adelante, cariño, vamos con la primera tarjeta de nuestro invitado.

—Si te van tan bien las inversiones, ¿por qué has dejado tu tranquila vida y te has liado a enseñar si puedes vivir como un marqués? ¿Por qué malgastar tu tiempo en desvelar tus trucos? —leyó Carmen.

—Incluir también: porque hay que devolver algo de lo que se recibe.

—Como creo te ha dicho Javier —se adelantó Andréu—, suelo frecuentar un foro en el que se habla de inversiones y hay mucha gente que habla de ti, preguntándose, y esta es la segunda: «Si tu sistema de inversión funciona tan bien, ¿por qué enseñarlo?».

—Pregunta anulada por tonta —contestó Roberto fríamente.

—¡Vaya!, ya empezamos —dijo Carmen.

—Perdón, señor Malfiat, mi aseveración merece una explicación. Usaré, si le parece, una pregunta para aclarar el porqué: ¿cómo iba a enseñarlo si no funcionase? Usted expresa su incredulidad preguntando cuál es la razón de querer mostrar un sistema de inversión (o cualquier otro tipo de conocimiento), cosa que no es nada del otro mundo, que funciona, y le sorprende el porqué no me lo guardo para mí. ¿Le parecería mejor que enseñase algo que no funciona? Por esa regla de tres, nadie enseñaría nada que funcionase, y eso es... una soberana estupidez. Es más, te preguntaría: ¿me planteas esa cuestión porque dudas de si el sistema funciona o porque no tienes claro por qué enseño? Volviendo a la contestación: imagino que también lo hago para devolver algo de lo que he recibido y, fundamentalmente, porque me gusta. Sinceramente, creo que las personas, por ejemplo algunos de tus compañeros del foro, que piensan de esa manera tienen una mentalidad un tanto obtusa, razón por la que están donde están.

—Es posible —claudicó Andréu.

—Creo que podemos dar por contestada la segunda pregunta.

—¡Roberto! —gritó Carmen—. No seas borde.

—¡No soy borde, soy realista! —contestó, completamente convencido de lo que decía—. La vida es muy corta como para no decir la verdad y andarse con tonterías.

—No hay problema —dijo el incrédulo.

—Para contestar a la tarjeta número uno —prosiguió Roberto—, voy a ponerte un ejemplo del deporte del baloncesto: una asistencia es un pase que da el jugador uno al jugador dos para que este meta canasta; es decir, no es cualquier tipo de pase: es un pase de canasta. Meter canasta hace feliz a un jugador y una asistencia hace feliz a dos: al que pasa y al que encesta.

—No entiendo —dijo Andréu.

—¡Muy buena la comparativa, sí señor! —exclamó Javier, gran aficionado al deporte de la canasta.

—Hace tres años y medio me encontraba aquí, habiendo conseguido el objetivo que me había marcado hacía una eternidad, especulando en el mercado de futuros, situación con la que me iba y me va muy bien. Esta situación solo me hacía feliz a mí y pensé: «Si hago lo mismo —seguir operando— pero, además, intento enseñar a otras personas y lo consigo, me siento bien yo y consigo que, como al dar una asistencia, otras personas se beneficien, si así lo desean, de lo que yo he hecho». Para el que tenga interés, aquí estoy, y los envidiosos incrédulos no me preocupan en absoluto: hace tiempo que tengo mi cupo de ego suficientemente cubierto.

—Sí; pero si defiendes el ser rico en tiempo no tiene mucho sentido, una vez que lo has conseguido, malgastarlo de esa manera.

—¿Por qué? Una vez conseguido el objetivo de ser rico en tiempo y dinero, cada uno elige en qué emplea su tiempo, y yo decidí dedicarlo a actividades que me procurasen placer; entre ellas, enseñar. Eso no es una pérdida de tiempo.

—Entendido —asintió un sorprendido Andréu.

—Vamos a continuar respondiendo a tus preguntas y después os contaré cómo aplicar lo que hice yo a vuestra situación concreta para llegar a ese estado que tanto ansiáis: la independencia financiera. ¿Os parece bien?

—Es precisamente a lo que he venido, así que me parece perfecto.

—¿Qué tengo que tener en cuenta a partir de ahora?

3
¿PUEDO HACERLO YO?

Vayamos con la tarjeta número tres —dijo Roberto mirando a Carmen.

—Son dos preguntas: ¿estás seguro de que cualquier persona que siga tus ideas y filosofía puede conseguir la independencia financiera y qué requisitos se necesitan? —leyó Carmen.

—Yo no me creo nada, Roberto; personalmente, creo que es imposible —dijo Andréu Malfiat, artífice de la pregunta.

—Mi contestación a la primera cuestión es: ¡Totalmente seguro!; pero teniendo claro dónde queremos llegar, que hará falta disciplina y que el camino es duro —contestó Roberto.

—¡No seas fantasma! —dijo el incrédulo con cierto tono despectivo.

—Te voy a explicar primero el significado de la palabra «fantasma» y después contestaré a la segunda parte de la pregunta número tres, si te parece —fue la réplica del maestro.

—Adelante —contestó Andréu con cierta desidia.

—Vamos con la «palabrita»: apoyándome en el significado y sentido que le da el Diccionario de la Real Academia de la Lengua —comenzó Roberto—, supón que alguien tiene un Ferrari y tú le preguntas: «¿Qué coche tienes?». Él, lógicamente, te responderá: «Un Ferrari». ¿Crees que es un fantasma?

—Un poco —contestó el incrédulo no muy convencido, pensando que la pregunta tenía trampa.

—Bien. Una de las acepciones que viene en el citado Diccionario para la palabra es: «Persona envanecida o presuntuosa». Si buscamos «presuntuosa», el Diccionario nos dirá: «Que pretende pasar por muy elegante o lujoso». O para que nos entendamos: que pretende pasar por algo que no es; por lo tanto, si esa persona lo es, o lo tiene y lo expresa, bajo mi punto de vista no es un «fantasma», a no ser que vaya diciéndoselo a todo el mundo sin ser preguntado. A esto último se le llama ostentación. Yo he experimentado todo lo que digo y diré; por consiguiente, si tú me preguntas si estoy seguro de que se puede conseguir el objetivo aplicando las ideas y filosofía que te voy a contar, no soy un fantasma: soy un realista contando su experiencia, que, dicho sea de paso, es la razón por la que estás aquí.

—¡Joder, vaya argumentación! —exclamó Javier.

—Vamos ahora con la pregunta correspondiente a la tarjeta que nos ocupa sobre si estoy seguro de que cualquier persona que siguiese mis ideas y filosofía de vida pudiera conseguir el objetivo. Sí, estoy seguro; pero también lo estoy de que muchas personas, gustándoles, no emprenderán el camino. Dicho esto, lo que es totalmente seguro es que si no se intentan las cosas no se pueden conseguir.

—Eso está claro —dijo Javier.

—Andréu, mis palabras van dirigidas a aquellas personas, entre las que desde este mismo momento te incluyo, que estén dispuestas a intentarlo, teniendo muy en cuenta la dificultad que entraña. Para el resto, un consejo: ¡No lo intentéis, por favor!

—Pero... si según la famosa estadística el 90 por 100 de los novatos que entran en el mundo de los futuros no lo consiguen, ¿sigues creyendo que todo el mundo puede hacer lo que tú hiciste? —preguntó en tono desafiante el incrédulo.

—Primero, hay que decir que no solo en el mundo de los futuros, sino en cualquier actividad, solo un porcentaje cercano al de la estadística consiguen llegar a lo más alto de su actividad, consiguen sus objetivos, son excelentes, al margen de la mediocridad. En ese 90 por 100 están los que pierden el capital en menos de seis meses, pero también están todos aquellos que (son legión) se quedan en el camino por falta de disciplina y perseverancia, y, fundamentalmente, porque entran pensando que es fácil. ¡Y de eso nada! Todo el mundo puede hacerlo. En la Bolsa, como decía André Kostolany (uno de los especuladores más grandes de todos los tiempos): el 90 por 100 de los inversores son borregos que siguen a la masa y tienen muy poca idea, y el 10 por 100 sabe a la perfección cómo funciona el mercado y por ello ganan.

—¡Joder!, es totalmente incoherente.

—No, señor: todo el mundo puede intentarlo; mucha gente empieza las cosas, pero no tiene el hábito y la disciplina necesaria; muchos candidatos para pocas sillas interesantes.

—Sí, pero… hay que estar dispuesto a hacer ciertas cosas…

—Claro que hay que estar dispuesto: el que hace lo que hace todo el mundo, el 90 por 100 del que habla Kostolany, no tiene ni una sola posibilidad. Hay que salirse del camino para conseguir lo que se ansía.

—Y si todos pueden, ¿por qué no lo hace más gente?

—Primero, porque hay que, por lo menos, intentarlo, cosa a la que no se atreve la mayoría; y segundo…

—Cómo puede existir alguien que no quiera conocer cómo funciona un mundo tan apasionante como el de los futuros —interrumpió Andréu.

—Existe una «sutil» diferencia entre querer algo y creer que se quiere.

—Explícale el ejemplo de la maratón —dijo Carmen—. Con este ejemplo pienso que te quedará claro.

—¿Has corrido alguna maratón?

—No. Solamente corrí una media.

—En ese caso sé que lo vas a entender a la perfección. Si yo mañana quisiera correr una, por mucho que yo piense que puedo, es absolutamente imposible: tendría que asesorarme con alguien que sepa cómo prepararla; tendría que realizar un plan nutricional, adelgazar unos cuantos kilos y realizar un estricto plan físico durante cinco o seis meses. A pesar de todo ello, el día de la prueba es muy posible, o por lo menos probable, que cuando llegue, más o menos, al kilómetro treinta aparezca lo que los especialistas llaman «el muro» y no la consiga acabar. La otra posibilidad es que la acabe, pero lo que es claro es que si no hago esa preparación tengo muy pocas probabilidades de llegar a la línea de meta. El camino para llegar a la independencia financiera, conseguir ser rico en tiempo y dinero, es algo parecido a la maratón: si no me preparo, es imposible que llegue. Resumen: todo el mundo puede, pero hay que entrenarse. Si no, es imposible.

—Bien, de acuerdo; pero dejémonos de tonterías y vayamos a las cosas importantes que nos han traído aquí —dijo Andréu, retomando el tono abrupto del principio.

—La filosofía es lo más importante, aunque la gente no repare en ella: tener claras las ideas, el punto de partida, el objetivo y el plan. ¡Vamos allá!

—Eso.

—¡Prepárate! —exclamó.

—¿Para qué?

—Has pedido claridad y, sin duda, la vas a tener —contestó Javier.

—¿Cuando hablas de disciplina, a qué te refieres? ¿Al método de inversión o a la preparación psicológica que se necesita para cuando te sientas delante de las pantallas?

—¿Sabes por qué la mayoría de la gente no consigue el objetivo que te ha traído hasta aquí?

—Ni idea.

—Por falta de disciplina: el premio a conseguir es muy grande, pero muchos se fijan solo en el dinero, en lo cerca que está, a golpe de ratón, y no en lo que hay que entrenar, en el proceso vital de aprendizaje que supone ir desde el punto de partida hasta el objetivo. Seguir a rajatabla las normas necesarias para ello, a eso se le llama disciplina. Sin ella no hay nada que hacer.

—¿Puedo empezar sin dejar el trabajo? —preguntó el incrédulo, cambiando de tercio.

—Por supuesto que sí. Yo dejé todo y me embarqué en esta historia, me propuse tirar la pared a cabezazos y al final la tiré, pero no le aconsejo a nadie hacerlo como yo lo hice; por ello, y a petición vuestra, os voy a enseñar cómo creo que se debe realizar para no pasar el calvario que yo sufrí: mi cambio fue del cien por cien y creo que se puede hacer de una manera más suave, aunque hay un momento en que hay que asumir el riesgo, soltar lo que tenemos e ir a por lo que deseamos. Estaremos suspendidos en el vacío durante un tiempo y eso no le gusta nada al ser humano, le hace estar incómodo; hay que sentirse así para luego sentirse mejor. Sinceramente, trabajando por cuenta ajena es muy difícil conseguirlo, ya que hay dos variables muy importantes en nuestra ecuación que lastran la consecución de nuestro ansiado objetivo: el tiempo que dedicamos a otro y los impuestos que pagamos. Esta última cuestión no es baladí, ya que si nos fijamos, los impuestos más importantes en nuestro país son aquellos que gravan las dos actividades que mayor número de personas realizan: trabajar por cuenta ajena (impuesto sobre la renta de las personas físicas) y la compra de una vivienda (al comprar, al ser propietarios e incluso en el momento de la venta).

—Roberto, falta por contestar parte de la pregunta dos.

—¡Repítela, por favor!

—¿Qué requisitos se necesitan para emprender el camino? —obedeció Carmen.

—No puedo, o mejor dicho, no quiero contestar ahora mismo a la pregunta, ya que a medida que avance nuestra conversación se irán explicando en el orden que considero más idóneo.

—Andréu, puedes estar tranquilo: sé que tiene todo perfectamente estructurado en su cabeza —le dijo Carmen a la visita con intención de animarle.

—Sí, lo entiendo perfectamente —dijo Andréu resignado.

—¿Tenemos que tomar notas? —pregunto Javier irónico.

—¡Por supuesto! Como decía el padre de un íntimo amigo mío: «Más vale un mal apunte que una buena memoria».

—¿No hay otra manera de conseguir el objetivo? ¿Cuáles son los medios más eficaces para conseguirlo? —improvisó Javier, rompiendo el ritmo y el orden establecido.

—Imagino que sí; pero yo, siendo coherente conmigo mismo, solo hablaré de lo que he vivido y, por lo tanto, conozco.

—Veo que eres pegador, pero también encajador —dijo el incrédulo.

Roberto prosiguió, haciendo caso omiso a las palabras de Andréu:

—Hay gente tan atrapada por el sistema, sus trampas y productos financieros, que incluso, por no reconocer que se han equivocado durante tantos años, lucharían con uñas y dientes con tal de que las cosas continuasen como «toda la vida», aunque se estén quejando constantemente. El «sistema», entendido como nuestra relación con el dinero, funciona de una manera muy concreta, que no tiene nada que ver con la idea que tenéis de ello. En esto se basa el juego: cuanto más tiempo pienses así, más tiempo estaré ganando a tu costa, salvo...

—¿Salvo qué?

—Salvo que te «pongas las pilas», aprendas cómo funciona el juego y vayas por el camino contrario al que los «organizadores» del juego piensan que, con toda seguridad, tomarás. Si hacemos como todo el mundo no tenemos ninguna posibilidad; así que nosotros vamos a poner la casa «patas arriba», yendo por el camino contrario al que parece lógico y que nos llevará directo a nuestro objetivo. Al principio nos sentiremos incómodos, pero, poco a poco, comprobaremos que esa forma de actuar, no solo respecto al dinero, sino a todo en la vida, es la más inteligente y eficiente, y no queremos abandonarla.

—¡Eso, eso, pongamos todo patas arriba! —exclamó Javier entusiasmado.

Prosiguiendo con la contestación de la tarjeta, Roberto dijo:

—Como he dicho, todo el mundo puede hacerlo, pero para ello tendrá que cambiar muchos de sus hábitos y, al tener que hacer cosas a las que no está acostumbrado, sentirse incómodo. Dicen que para eliminar un hábito y establecer otro nuevo hay que realizarlo ininterrumpidamente durante veintiún días seguidos.

—El de la vivienda en propiedad, ¿sería un hábito?

—¡Paciencia, señor Malfiat! Eso viene más adelante.

—¡Venga, señor Santa Rita, cuéntenos alguna historia sobre cambio de hábitos! —le animó Javier.

—¡Ahí va la historia!: Tengo un amigo que vive en Madrid y que siempre se queja de que su trabajo es tedioso, le pagan poco, su jefe es un impresentable, y cada vez que hay un «puente», en las vacaciones de verano, incluso los fines de semana, coge el coche y se enfrasca en un atasco monumental para escapar, a toda costa, de la ciudad donde vive con el objetivo, según él, de oxigenarse. ¿Qué te parece?

—Es lo mismo que haría yo.

—¿Sabes lo que le digo yo?

—Ni idea.

—Si todo en tu vida parece que está mal, es un desastre y la ciudad en la que vives no te gusta, ya que en cuanto puedes sales despavorido aunque tengas que chuparte, y lo sabes, un atasco para atontados, ¿por qué no cambias de vida, de ciudad, de trabajo, de todo?

—¡Qué radical! —exclamó la visita.

—Yo no lo creo: si todo funciona mal, algo hay que cambiar. Cuando realizas proposiciones como esta, lógicas pero incómodas, ves quién está capacitado para conseguirlo y quién no. ¡Hay mucha gente que no está dispuesta ni a cambiar la escobilla del váter!

—Perfectamente claro; da que pensar —dijo Javier.

—¡Interesante! —exclamó Andréu, sorprendido de la manera que tenía Roberto de resolver las situaciones.

—Aunque no está entre tus preguntas, haré yo una —propuso el anfitrión—: ¿Cuáles son los medios más rápidos e interesantes para conseguir dinero?

—Muy buena pregunta; esa sí que me gusta —dijo Andréu.

—Opción uno: la inversión inmobiliaria, pero no dedicándose a comprar, escriturar y vender viviendas, sino realizando lo que se llama dar el pase: pagar una pequeña cantidad en concepto de señal o de opción de compra, generalmente por un terreno, con la idea de vender antes de escriturar, momento peligroso, ya que nos vemos obligados a hacer efectivos los impuestos que gravan a este tipo de inversión y a partir de ese momento tardaremos mucho más tiempo en conseguir que esa inversión sea rentable. Este sector cada día se está poniendo más difícil, debido a la clara ralentización del mundo inmobiliario y, además, es así como debe ser.

—No sé por qué eres totalmente contrario a la inversión inmobiliaria.

—Todo a su debido tiempo, pero lo que puedo adelantarte es que no aporta demasiado valor añadido, y por ello no estará entre nuestras preferidas a la hora de ser utilizadas para conseguir nuestra independencia financiera.

—¿Cuál sería la opción dos?

—Las inversiones financieras (acciones, futuros y opciones fundamentalmente), que, en contra de lo que el «sistema» nos hace creer, cualquier persona puede ser capaz, adquiriendo los conocimientos necesarios, de realizarlas desde y en cualquier lugar del mundo y sin necesidad de exponer grandes cantidades de capital, sobre todo si trabajamos en futuros.

—Ya, sí, lo de siempre: hay que aprender; pero ¿dónde te enseñan o puedo aprenderlo?

—Tuve un profesor en un máster de fiscalidad internacional que realicé hace unos años que siempre me decía: «Señor Santa Rita, estudie, por favor».

—¿Y qué quieres decir con eso?

—Quiero decir que, no te preocupes, te diré cómo creo que debes aprender, si estás verdaderamente interesado, fundamentalmente para que no sigas el camino que seguí yo y ahorres tiempo y dinero.

—Me gusta lo de ahorrar.

—Si no queremos ser como todo el mundo que acude sin conocimientos, como un cabestro que va resignado al matadero, a una entidad financiera, y acaba con su dinero en un fondo de inversión (suponiendo, no sé por qué oscura y extraña razón, que lo van a hacer mejor que uno mismo), tenemos que mentalizarnos de que podemos hacerlo nosotros mismos, con mejores resultados y pagando menos comisiones. Y para ello, ¿qué tenemos que hacer?

—Aprender cómo funciona el juego y cuáles son los pasos a seguir —repitió Andréu, hipnotizado por las palabras de Roberto Santa Rita.

—Hoy —prosiguió Roberto— intentaré marcarte la senda, te diré qué es lo que tienes que hacer y qué no, con exactitud, para aprender y llegar al objetivo.

—Estoy ansioso.

—Voy a explicaros todo lo que a mí me sirvió para llegar adonde ahora estoy; pero no os engañéis: lo que vais a aprender no servirá de nada si luego no ponéis de vuestra parte. Por mucho que os enseñe, si no os esforzáis duro, no lo conseguiréis. Ese es uno de los fallos más tremebundos de mucha gente: creer que como paga un precio le van a dar todo hecho (como en las dietas para adelgazar), que tienen derecho a conseguir las cosas sin esfuerzo, y es todo lo contrario: tienen la obligación de conseguir los objetivos con esfuerzo. De todos modos, cuando os enseñe todo, no me hagáis caso, probadlo y ved si funciona: no creáis nada de lo que os digan, nada vale; pensad, haced, probad, comprobad, y si funciona, adoptarlo como parte de vuestro *modus operandi,* y si no funciona, a la basura. Aunque hoy no os deis cuenta, con toda la información que voy a poner a vuestra disposición, os voy a ahorrar una cantidad de tiempo preciosa. Os voy a separar el grano de la paja, los tropezones del arroz, para que no perdáis vuestro valioso tiempo, como lo perdí yo a espuertas en los primeros momentos de mi andadura.

—Sabremos agradecértelo.

—Hablo en serio: mucha gente no valora cuando otra le transmite el conocimiento si no le da resultados inmediatos.

—Ponme un ejemplo de cómo vamos a ahorrarnos tiempo —dijo Javier, graciosamente desafiante.

—Encantado: cuando hablemos de cómo hacer un plan de pensión privado o cuando os diga dónde hay que buscar un *broker* adecuado (figura imprescindible para operar) y qué nos tiene que ofrecer para ser elegido por nosotros, lecturas adecuadas e interesantes, conocer en qué consiste el apalancamiento asimétrico, qué es el «orgasmo absoluto» —concluyó Roberto deliberadamente, dejando esta última frase en el aire mientras recorría con su mirada a todos los presentes.

—¿Qué es esto último? —preguntó Andréu completamente alterado.

—Paciencia; cuándo lleguemos al tema de los futuros os lo explicaré.

—No sé si podré aguantarme.

—Podrás, descuida —dijo Carmen.

—El cómo se puede hacer un plan de pensión privado es uno de los temas de los que me quedé con las ganas la última vez que estuve aquí —añadió Javier.

—¿Te quedaste con las ganas? —preguntó Carmen sorprendida.

—De muchas cosas, la verdad —contestó Javier.

—Intentaremos que esta vez el señor Martos se vaya contento, ¿verdad, señor Santa Rita? —preguntó Carmen.

—Lo intentaremos.

—¿Tercera opción para ganar dinero? —soltó Andréu, retomando el meollo de la cuestión.

—Las ideas: las que pasan por nuestra cabeza y se llevan a la práctica y dan lugar, la mayoría de las veces en forma de empresa, a un negocio que ofrezca un producto o servicio útil a la sociedad. Durante muchos años, y aunque no os lo creáis, estuve invirtiendo en el mercado inmobiliario (opción uno) y pariendo ideas que dieron lugar a empresas (opción tres) que todavía hoy existen; pero desde hace ya un tiempo deseché esas opciones y me centré en lo que hoy es mi actividad principal: la especulación en el futuro sobre el Mini SP 500 del mercado de Chicago.

—No puedes hacerte ni idea de las ganas que tengo de que lleguemos a esa tarjeta —dijo el incrédulo.

—¿Te iba bien con las opciones uno y tres? —preguntó Javier.

—Sí, casi siempre: en el mundo empresarial siempre, en las inversiones inmobiliarias, hubo de todo.

—Y entonces, ¿por qué lo dejaste?

—El mundo inmobiliario, ya lo explicaré más adelante, exige mucho tiempo, paga muchos impuestos y cada vez que tengo que ir a un notario me sale urticaria. Además, para realizar inversiones inmobiliarias se necesita una importante cantidad de dinero en la mayoría de los casos. Y, sin embargo, para invertir en futuros hacen falta unas cantidades realmente pequeñas. No conozco ningún negocio que requiera menos dinero para empezar. ¡Vuelvo a repetir!: cualquiera puede hacerlo, pero quizá no esté capacitado. Así que, como hemos dicho y no me cansaré de repetir: hay que entrenarse para jugar bien el partido.

—¡Ja, ja, ja!

—¿Por qué dejaste el mundo de la empresa?

—Las tres empresas que creé me dejaron de divertir, y me llevaban mucho más tiempo del que consideraba razonable, amén de tener que tratar con personas que no me aportaban casi nada.

—La verdad es que no se divertía —interrumpió Carmen—, y si Roberto no se divierte con lo que realiza, no hay nada que hacer. Si ahora no estuviese a gusto, cortaría la conversación y, amablemente o no tanto, os despediría.

—Gracias por tu aportación, cariño.

—¿Qué opinión te merece cada una de las opciones que has mencionado? —preguntó Andréu Malfiat realmente interesado.

—La primera me parece aburrida y no requiere ningún talento especial (lo digo por experiencia). Sin embargo, las otras dos requieren poner todas tus neuronas en movimiento, sobre todo en el caso de los futuros.

—¡Qué forma de pensar tan curiosa!

—Como aperitivo: ¿Recuerdas, Javier, para qué tres cosas sirven los futuros?

—Por supuesto —contestó «el pequeño saltamontes».

—Instruye a nuestro amigo —ordenó Roberto.

—Para ganar dinero, para no perderlo y para mejorar nuestras capacidades psicológicas.

—No entiendo la tercera —dijo Andréu.

—¿Te gustan los videojuegos?

—Me encantan.

—Cuando habla de mejorar nuestras aptitudes psicológicas se refiere a: toma de decisiones, control del ego, vanidad, autoestima, pánico, avaricia. Cuando conozcas el juego de los futuros, te olvidarás de todos los videojuegos que conoces hasta la fecha: ninguno le llega a la suela de la zapatilla.

—¿Qué debo tener en cuenta a partir de ahora? —preguntó un obediente Andréu como colofón a esta tarjeta.

—Todo el mundo puede hacerlo, aunque no todo el mundo tendrá el valor de intentarlo; pero hay que tener claro que hay que dar unos pasos determinados para ir hacia el objetivo que, previamente, nos habremos marcado y ser conscientes de que vamos a tener que trabajar, con perseverancia y disciplina, en algo que nos guste y apasione. Tendremos que elegir entre una o varias de las tres opciones comentadas (si decidimos realizar varias, no cumplirá los criterios de necesidad y eficiencia que hemos comentado antes). En mi opinión, y mi historia así lo demuestra, el camino más adecuado de los tres y el más equilibrado entre dinero y tiempo es la opción dos [los futuros], y ahí es donde nos vamos a centrar. Repito: habrá otras maneras, pero yo os explicaré la mía. ¿Está claro?

—Como el agua —contestó Javier Martos.

—A ver si es verdad —dijo el incrédulo.

4
UN PUNTO DE PARTIDA CUALQUIERA

Bien, señor Santa Rita, y después de todo esto, ¿cómo empezamos? —preguntó Andréu Malfiat.

—¿Cuál es el circuito del flujo del dinero que habitualmente seguimos? —preguntó Roberto.

—Ganamos nuestro primer sueldo, casi siempre escaso; en cuanto podemos nos embarcamos en la compra de un piso con su correspondiente hipoteca; nos suben el sueldo y nos metemos en más gastos, la mayoría de las veces endeudándonos más de lo adecuado, y casi sin darnos cuenta nos encontramos con que tenemos unos compromisos «ineludibles».

A partir de ahí nos vemos inmersos en una trampa, atrapados por la necesidad de obtener nuestro ingreso que supone el sueldo para «cumplir» con nuestros gastos y deudas, de las que nos cuesta horrores salir —dijo Andréu.

—¡Bravo! —exclamó Roberto—. Y, ¿cuál tendría que ser el camino eficiente a seguir?

—No tengo ni idea —contestó el incrédulo.

—Bajo mi punto de vista, es obvio que tendría que ser: ganar dinero, gastar lo necesario (nunca todo) y, siguiendo los principios de necesidad y eficiencia, adquirir nuestra vivienda habitual (ninguna más como inversión) solo cuando nuestra capacidad de endeudamiento nos lo permita (momento este que suele ser mucho más tarde del que la mayoría de las personas deciden comprar su casa) y usar el remanente, al principio pequeño, para ir realizando inversiones hasta que lleguemos a la independencia financiera.

—¿Cómo determino esa cantidad que supone mi objetivo en dinero?

—Tranquilo, enseguida vamos con ello.

—Sigue, Roberto —dijo Carmen.

—Imagino que queda claro que la estrategia a seguir es: gastar cuando tengamos dinero, sin endeudarnos demasiado, y no hacer lo contrario: buscar ingresos como locos para soportar los gastos en los que nos hemos metido.

—¡Ja!, pero qué hago yo con: mis hipotecas, tarjeta de crédito, el crédito fácil (de esos que ofrecen a la hora de comer en todas las televisiones) en el que me metí hace un año, el préstamo del coche…

—¿Puedo ponerte un breve ejemplo? —interrumpió Roberto.

—Claro.

—El otro día me llamó una persona que quería que le asesorase en una operación en la que ya se había metido (una vez se ha metido la pata no se puede hacer nada; por ejemplo: la declaración de la renta de un determinado ejercicio hay que prepararla antes de que llegue el último día de diciembre de ese año y no una vez haya pasado esa fecha, momento en el que no tenemos ninguna posibilidad de actuar). Esa persona (veintiocho años) me contó que había adquirido junto a su pareja (tenían dos sueldos) un piso en Madrid y que para ello habían decidido «esclavizarse» a una hipoteca de 800.000 euros (no quise saber a cuántos años por el bien de mi salud) que pagaban íntegramente con el sueldo de él (3.000 euros). Con el sueldo de ella (1.500 euros) era con lo que vivían. ¿Qué podían estar pensando esas dos personas para hacer algo tan estúpido financieramente?, me pregunto yo.

—Como en España todo sube…

—Independientemente de que en el futuro la barbaridad financiera que han hecho se demuestre una buena inversión (apostaría mi brazo derecho a que no), este es, aunque un poco excesivo, un ejemplo claro de cómo no hay que hacer las cosas. Todo esto sin contar que pudieran embargarles la casa ante un posible impago de la hipoteca, cosa bastante probable debido al alto grado de endeudamiento al que se han sometido sin que nadie les haya obligado. «Mire usted —le dije—, si se quiere comprar esa casa [imagino que, teniendo en cuenta la hipoteca, el precio de esa vivienda rondaría el millón de euros], su mayor deseo en esta vida, mi consejo hubiera sido el siguiente, ya que ahora no pueden ustedes más que venderla: "Hasta que usted no hubiese tenido una situación holgada y una capacidad de endeudamiento razonable (siempre en relación a sus ingresos), que no es el caso, no debiera haberlo hecho".» «Ya está hecho», me dijo. «Sí, lo he entendido», le contesté. «Y, ¿qué puedo hacer?» «¿Sinceramente?» «Sí» «¡Rezar!»

—Me parece una situación extrema —dijo Andréu.

—Sí, gracias a Dios, no todo el mundo puede meterse en una operación de tanto dinero, pero ni te imaginas la cantidad de gente que está entrampada en España muy por encima de su capacidad de endeudamiento. Somos el país, en cuanto a viviendas se refiere, con mayor endeudamiento por habitante del mundo.

—¡Yo ayudo a que sigamos en primera posición! —dijo Javier.

—Si queremos llegar al objetivo tendremos que aprender a pensar con la cabeza y no con el culo —sentenció Roberto—. El dar los pasos para conseguir la independencia financiera es casi una ciencia, y hay una serie de cosas claras que debemos hacer y otras que no. Si desde el inicio nos estamos endeudando, no me meto para qué, ya que eso es otro tema, por encima de nuestras posibilidades, entonces nos estamos lastrando sin necesidad.

—Entendido.

—¡Vayamos contigo Andréu! Decías antes que tenías hipoteca, deudas de tarjeta de crédito, préstamo del coche y no sé qué más…

—… un crédito fácil —dijo la visita, terminando la frase que Roberto dejó en el aire deliberadamente.

—En mi opinión estás claramente en el camino que sigue todo el mundo y, por lo tanto, algo habrá que hacer con la idea de cambiar el punto de partida —dijo Roberto.

—Sí, pero, ¿qué? —contestó el incrédulo.

—Salir de ese camino inmediatamente e intentar entrar en el que te voy a enseñar hoy. ¿No has venido para eso?

—¿Cómo lo hago?

—Vende algo —propuso Roberto.

Se hizo un silencio sepulcral en la estancia.

—No te gusta, ¿verdad? —continuó al ver que el incrédulo no era capaz de articular palabra.

—Me parece que es ahora cuando vamos a comenzar a poner la casa patas arriba —dijo Javier en tono jocoso y mirando a su amigo.

—Al principio, cuando decidimos emprender el camino, el gasto supondrá un porcentaje importante de nuestro ingreso, pero a medida que desarrollemos el plan ese porcentaje disminuirá y tendremos el ansiado remanente para poder realizar inversiones.

—¿Qué inversiones?

—Otra vez te adelantas; ¡ten paciencia, que llegaremos a todo!

—De acuerdo.

—Una cosa para la que tendremos que estar preparados, ahora soy yo el que se adelanta, es para cambiar de actividad cuando llegue el momento, es decir, cuando tengamos la suficiente preparación.

—¿A qué te refieres con lo de «actividad»?

—Roberto llama actividad a lo que todo el mundo llama trabajo. La diferencia para él es que considera como actividad algo que te gusta realizar y trabajo algo que no —explicó Carmen.

—¿Por qué dices que tendré que cambiar de actividad?

—Muy sencillo, por dos motivos: el tiempo y los impuestos.

—No entiendo.

—El objetivo, creo que ya todos lo tenemos meridianamente claro, tiene dos componentes importantes: tiempo y dinero. Es obvio que si tu decisión va por el camino de trabajar para alguien, es decir, ser trabajador por cuenta ajena, dispondrás de menos tiempo, pues tendrás unos horarios fijos de trabajo.

—¿Y los impuestos?

—En el punto de partida, el tipo porcentual de impuestos que tengamos que pagar tendrá un impacto terrible en el crecimiento de nuestro capital. Por ello habrá que elegirlos con cuidado.

—¿Qué quieres decir con eso?; ¿acaso se puede elegir qué impuestos quiero pagar?

—¡Por supuesto! Como imagino sabrás, en España, o te habrá contado Javier, existen diferentes tipos impositivos para gravar las tres actividades más habituales: el que grava la renta de las personas físicas (puede llegar al cuarenta y cuatro por ciento de tipo marginal), el impuesto sobre sociedades (aunque en algunos casos puede ser más bajo, ronda un treinta por ciento) y el que grava los incrementos de patrimonio producidos, por ejemplo, en la compraventa de acciones, futuros, fondos de inversión y viviendas (se computa dentro del impuesto sobre la renta de las personas físicas y asciende al dieciocho por ciento).

—Hay notables diferencias.

—Efectivamente. Veamos: si trabajas por cuenta ajena y ganas más allá de una determinada cantidad el tipo porcentual puede ascender a un 44 por 100 de tipo marginal, y, sin embargo, si nos dedicamos a la compraventa de acciones, o a la actividad a la que yo me dedico (futuros del mercado de Chicago), «solo» pagarás el 18 por 100 de impuestos sobre los beneficios. Es decir, si tú ganas 100.000 euros anuales con tu trabajo, pagarás, más o menos, el 44 por 100 de esa cantidad y te quedarán 56.000 euros netos para poder realizar inversiones. Por el contrario, a mí me quedarán 82.000 euros netos (después de pagar los 18.000

euros de impuestos que suponen el 18 por 100). Imagina lo que puede suponer esa ventaja que de partida tengo, y año tras año. Mi ventaja, en igualdad de condiciones, irá incrementándose en mayor cuantía, o dicho de otra manera: llegaré antes al objetivo.

—Sí, pero mi trabajo por cuenta ajena es fijo y seguro.

—¡Déjate de tonterías! De un empleo fijo te pueden echar con una rapidez pasmosa. En la vida no hay nada ni seguro ni fijo, y mucho menos un empleo.

—Retrocedamos un poco y centrémonos en el remanente, en el dinero que nos queda después de pagar impuestos: cuando, a lo largo del camino, adquiramos el conocimiento necesario seremos capaces de emplearlo de forma conveniente (ya que conoceremos perfectamente las armas a utilizar) en inversiones adecuadas para que nuestro capital vaya creciendo apenas sin darnos cuenta (es una forma de hablar, ya que, como dice André Kostolany, tendremos que estar atentos para: «solamente mirar de vez en cuando la marcha de las cotizaciones, pero… sin mirar demasiado el precio»). Aprenderemos a usar parte de ese capital, utilizando la magia del capital compuesto, para construirnos nuestro plan de pensión privado.

—¿Se puede hacer eso?

—¿El qué?

—Un plan de pensión sin acudir a una entidad financiera.

—¡Ja, ja, ja!, por supuesto que se puede, y de una manera más eficiente, inteligente, con mayor liquidez (por si tenemos alguna contingencia), pagando menos impuestos y muchísimas menos comisiones. Todo ello unido hará que nuestro producto financiero «casero» sea mejor en cuanto a rentabilidad, liquidez y control del riesgo que uno convencional.

—Explicarás cómo hacer el plan de pensión, ¿no? —preguntó Carmen.

—No te preocupes.

—Intuyo que ahora no es el momento —aseguró Andréu.

—Aciertas. Hay un momento para cada tema y las casas se empiezan por los cimientos, que es lo que estamos haciendo hoy.

—¡Vamos, rollista! —exclamó Carmen.

—¡Muy bien! ¡Vayamos con los cimientos! En primer lugar pondremos los del «PLANTEAMIENTO».

—Explícate —dijo Carmen.

—Sinceramente, lo que es trazar uno con la idea de llegar al objetivo es bastante sencillo y es precisamente lo que vamos a desarrollar, desde ahora y hasta que comencemos a hablar de los productos financieros (armas necesarias), que estoy seguro de que es lo que más os interesa —sentenció Roberto.

—¡Razón tiene usted, señor Santa Rita! —exclamó Javier.

—¿Cómo es ese «sencillo» planteamiento? —preguntó jocoso y claramente interesado Andréu Malfiat.

Roberto tomó la hoja de papel en blanco y el lápiz que le extendió Carmen en ese momento, colocó el folio, en posición apaisada, encima de la mesa de centro que le separaba de Andréu y justo enfrente de este.

En la parte izquierda del papel dibujó una equis y debajo escribió «PUNTO DE PARTIDA».

En la parte derecha del folio dibujó otra equis y debajo escribió «OBJETIVO».

Unió los dos puntos con una línea, describiendo un exagerado zigzag, y escribió el «CAMINO» y debajo, y entre paréntesis, la palabra «PLAN».

Acabó su dibujo colocando arriba el título: EL PLANTEAMIENTO.

—¿Está claro?

—¿Puedes explicarlo?

—Simplemente tendremos que ir del punto de partida al objetivo, y solo existe una condición, como podéis ver en el dibujo.

—¿Qué condición? —preguntó muy atento el incrédulo.

—No se puede ir nunca de donde estamos adonde queremos ir en línea recta (lo que hace todo el mundo y que obviamente no funciona): hay que ir haciendo cosas diferentes, tomar un camino poco transitado.

—¿Eso significa el trazo en zigzag?

—Sí, señor: tendremos que hacer cosas diferentes, y eso significa hacer cosas que no haga la mayoría.

—Esto se pone interesante —exclamó Javier.

—Lo voy viendo por momentos.

—Analizaremos nuestro punto de partida, mejor dicho, el de Andréu: el objetivo (compuesto de una parte material, dinero, y otra inmaterial; cómo usaremos el tiempo, en qué actividades, una vez lleguemos a la meta) que queremos alcanzar y que vamos a marcar dentro de un momento y con el mayor detalle del que seamos capaces. Como veis ese trazo en zigzag describe el CAMINO que tendremos que recorrer. A estos tres conceptos, por último, le añadimos el PLAN (conjunto de normas y acciones necesarias para recorrer nuestro camino y tomar, si nos lo merecemos y por propio derecho, nuestro premio). Y, así, y con todos estos elementos, tenemos el «sencillo» PLANTEAMIENTO del que os hablaba antes.

—Parece razonable —asintió Javier.

—Planteamiento: punto de partida, objetivo, camino y plan —resumió Carmen.

—¿Y las armas?

—Estas, por supuesto, están dentro del plan: cómo tenemos que comportarnos ante las diferentes inversiones que están a nuestra disposición en el mercado, es decir, a cuáles tenemos que prestarles atención para que entren a formar parte de nuestro plan y a cuáles no tenemos que hacerles ni caso.

—De momento estoy de acuerdo —asintió Andréu.

—¿Por dónde empezamos? —preguntó Javier, que comenzaba a mostrarse más ansioso que en su primer fin de semana.

—¿Qué os parece si empezamos por definir el PUNTO DE PARTIDA? —preguntó Roberto.

—Eso, vamos a lo práctico —dijo Malfiat.

—La mayoría de las personas quieren jugar, darle patadas a un balón (fútbol), darle a la tecla (especulación), ponerse a los mandos de un coche (conducir), antes de conocer la teoría, las reglas del juego en el que van a participar, y eso es el colmo de la ineficiencia y una soberana tontería.

—Sí, pero vamos al grano —insistió Andréu, cada vez más impaciente.

—Antes de nada quiero decir que en nuestro país (entendámoslo como un conjunto de individuos que tienen unas costumbres y hábitos que se transmiten como una plaga a sus individuos) tenemos una serie de comportamientos; estoy seguro de que sois capaces de entender lo que os voy a explicar…

—Quieres decir —interrumpió Andréu— que los españoles tenemos unos hábitos que también son seguidos cuando actuamos como individuos y que, bajo tu punto de vista, algunos de estos pueden ser negativos o un obstáculo a la hora de conseguir nuestro objetivo.

—¡Ni yo lo hubiese explicado mejor! —exclamó Javier, alabando a su amigo—. ¡Sorpréndame, señor Santa Rita!

—En primer lugar, el sistema de previsión social (Seguridad Social), del que ya hay altos mandatarios de diferentes importantes estamentos de nuestra sociedad que están empezando a «insinuar» que se encuentra en riesgo (¡cuando el río suena, agua lleva!) y aconsejan al «personal» (nosotros, la masa) que vaya pensando en suscribir planes de pensiones privados (nosotros diseñaremos el nuestro) para intentar cubrir la jubilación. Este sistema, en algunos casos, resulta interesante. Pero en la mayoría de los casos lastra de manera determinante el crecimiento y la productividad. ¡Cuántos de nosotros conocemos algún compañero de trabajo que lleva ni sé cuánto tiempo de baja cobrando sin merecerlo! ¡Cuántos casos conocemos de personas que están cobrando el paro y prefieren estar en esa situación que volver a trabajar! ¿Eso es productivo? No. Es, sin duda, un lastre para el país.

—¿Qué constituye, bajo tu punto de vista, el segundo lastre?

—El horario «tercermundista» por el que se rige España.

—¿El horario?

—El horario de trabajo de nueve a dos y de cuatro a siete y… todo lo que ello trae consigo. En nuestro país rige la cultura del estar en vez de la del hacer, del parecer que se hace y ser poco eficientes, del estar en el trabajo para que lo vea el jefe o los compañeros.

—Cierto.

—Y no vengáis ahora con el rollo de: «Sí, tienes razón, pero como en España no se vive en ningún sitio».

—Pero eso es verdad.

—¿El qué?

—¡Que como en España en ningún sitio!

—¿No será que los que decimos eso no hemos vivido en ningún otro lugar? —preguntó Javier.

—¡Ja, ja, ja!, muy bueno, Javier —dijo Carmen.

—Es cierto; en el mundo hay muchos sitios donde se vive igual o mejor que aquí: todos los lugares tienen sus cosas buenas y malas, y si queremos mejorar hay que aprender de lo bueno de cada cultura y, sobre todo, experimentar.

—Doy fe —asintió Carmen.

—¿Qué lleva aparejado el horario? —preguntó Roberto en voz alta—. Comer tarde, salir tarde del trabajo, unas cañitas, casi siempre hasta tarde, acostarse tarde, dormir poco (somos un país de mal dormidos, aspecto peligrosísimo para el crecimiento y el desarrollo), ya que, nos acostemos a la hora que nos acostemos, quien más quien menos tendremos que levantarnos temprano para ir a trabajar… ¿Sigo?

—¿Tienes algo contra esos hábitos? —preguntó el incrédulo.

—Contra algunos de ellos, por supuesto que no; soy al primero que le gusta ir de cañas cuando estoy en Madrid (sin lugar a dudas, el sitio donde mejor tiran la cerveza). Además, os diré una cosa: nos viene fenomenal que todo funcione así.

—¿Por qué? —preguntó Andréu.

—Aclaro: nos viene muy bien que la mayoría piense y actúe así para los que en su día emprendimos el camino y queremos seguir en él, pero sobre todo, y aspecto más importante hoy, a los que vais a emprenderlo.

—Pero, ¿por qué? —insistió la visita.

—Nos beneficiaremos de que todo el mundo ha decidido ir por el camino que siempre está atestado de gente y, sin darse cuenta, nos dejan libre uno para nosotros solitos. Aprovecharemos el rebufo y la energía que desprende y desaprovecha un «monstruo» tan grande al moverse para ir hacia delante sin apenas esfuerzo. ¡Nosotros no desaprovechamos absolutamente nada! Como en las artes marciales, usaremos el impulso y la energía de nuestro contrincante para nuestro beneficio. Como me decía siempre un gran profesor que tuve hace tiempo: «No olvide nunca lo que le voy a decir, señor Santa Rita; tiene que haber tontos en el mundo para que los listos podamos vivir».

—¡Joder!

—Entendido el significado de la «frasecita».

—Después de todo esto… «Qué coño dice este tipo», os estaréis preguntando. ¿No es cierto?

—Pues sí, la verdad.

—Estos dos aspectos (típicamente españoles, entre otros muchos) hacen que el comportamiento general y colectivo sea casi idéntico, así que: si queremos triunfar, hay que variar el horario (intentar seguir uno, bajo mi punto de vista, más racional) y fabricarse un plan de pensión privado.

—Además, no tendremos más remedio —dijo Javier Martos.

—Lo siento, me acabo de perder —dijo Andréu.

—No te preocupes, que enseguida te encontrarás. Javier se refiere a que lo veremos cuando nos adentremos en el mundo de los futuros. Para nuestra nueva actividad hay unos horarios de mercado muy concretos, lo que nos obligará a variar nuestro horario «tercermundista» para estar bien física y mentalmente si queremos ganar dinero y no perderlo.

—Tengo unas ganas tremendas de adentrarme en el mundo de los futuros —repitió Andréu.

—Lo sé.

—Me contó Javier tu horario y no veo por qué tengo que seguir algo tan estricto: pareces un monje.

—Si, como acabas de decir, tanto te interesa y quieres dedicarte a los futuros, tendrás que variar muchos de tus hábitos, y, sin duda, uno de ellos será tu horario.

—¿Qué más?

—Cambiar lo necesario para estar bien física y mentalmente para poder sentarte cada tarde delante de las pantallas con un mínimo de garantías, porque uno de los aspectos más importantes que hay en el mundo de la inversión en futuros es desarrollar la capacidad de adaptar nuestras emociones para que no nos coman y poder así enfrentarnos con un mínimo de garantías al mercado.

—Suena duro.

—Al principio, bajo mi punto de vista, todo está relacionado; en mi caso, para encontrarme bien necesito crear una rutina determinada. Por supuesto, no tienes por qué seguir la mía, pero, siendo sinceros, ¡no estaría mal que lo hicieses y cambiases tu horario! —exclamó Roberto con una mueca histriónica y tono serio.

—Eres incorregible —dijo Carmen.

—¿Sabéis qué tres cosas decía el armador y multimillonario griego Aristóteles Onassis que eran imprescindibles para ser rico? —preguntó casi sin respirar.

—No tengo ni idea —mintió Andréu, sorprendido porque, según le había contado Javier, solo eran dos.

—Estar siempre moreno y levantarse pronto.

—Y eso, ¿qué quiere decir?

—Imagino que lo primero lo decía con la idea de dar una buena imagen (en nuestra cultura se identifica con buena salud, aunque sea todo lo contrario: el sol es muy perjudicial). Y lo de levantarse temprano sería para llevar ventaja sobre sus competidores (para cuando ellos se levanten, tú habrás adelantado muchas cosas).

—Tiene sentido.

—Por ejemplo, en mi caso, me levanto a las siete de la mañana, desayuno, doy un paseo por la playa, leo, me oxigeno, como a las doce o doce y media, echo una breve siesta (cuarenta minutos) con el objetivo de estar convenientemente despierto a las tres de la tarde para trabajar las dos horas (máximo) en el mercado de Chicago. Cuando consigo el objetivo (de ganancia o de pérdida) y aunque hayan transcurrido treinta minutos, apago las pantallas y me voy. ¿Adónde? A hacer deporte. Ceno entre ocho y ocho y media, leo un poco y me acuesto temprano. Llegar a esta rutina me ha costado mucho: para mí acostarme antes de la una de la mañana era prácticamente imposible. En mi caso he comprobado que a mí me funciona y hasta que no deje de hacerlo seguiré practicándola. Buscar la vuestra, pero pensar que tiene que permitiros estar relajados y en buenas condiciones para llevar a cabo vuestro cometido: estar delante de las pantallas durante un máximo de dos horas para operar en los futuros.

—Para estar concentrados dos horas delante de la pantalla no me parece que haga falta nada especial —dijo el incrédulo con aire de suficiencia.

—No sabes lo que dices: hay que estar muy bien preparado física y mentalmente para ponerse ese período de tiempo; más es perjudicial a los mandos del «bólido».

—Hazle caso —le aconsejó Carmen.

—De acuerdo —sucumbió Andréu.

—Dale —dijo Javier.

—Llevo once años sin salir por la noche —saltó Roberto, cambiando de tema.

—¡Anda ya! —exclamó el incrédulo.

—Es cierto —asintió Carmen.

—Si lo dice ella, me lo creo; pero lo que no me creo es que solo trabajes dos horas. Confieso que desde que me lo dijo Javier pensé que era imposible, un cuento chino. ¿Por qué solo dos horas?

—Es por la diferencia horaria que tenemos con Chicago.

—Por cierto, ¿cuál era la tercera cosa que decía Onassis? —preguntó Javier.

—Decía que desde los veinte a los cuarenta los hombres perdemos demasiadas energías y tiempo en perseguir a las hembras, y eso merma nuestra capacidad para llegar a donde queremos.

—¡Ja! —exclamó Andréu.

—No os la iba a decir, ya que creo que el señor Onassis llego a ser millonario y esta tercera cuestión no la observó demasiado que digamos.

—Avancemos —dijo Carmen.

—¿Cuál es tu punto de partida? —preguntó Roberto, mirando a Andréu.

—¿En qué sentido?

—Tenemos que tener claro de dónde partimos, con qué contamos, es decir: ciudad donde vives, si eres propietario de vivienda, si tiene hipoteca, dinero en efectivo, acciones, dinero «invertido» en fondos, cualquier tipo de deuda que tengas contraída, si tienes coche, tu sueldo, ingresos extraordinarios, tarjeta de crédito; en fin, todo.

—¿Para qué todo esto exactamente?

—Es el primer paso (después marcaremos el objetivo, dónde queremos llegar). Fundamentalmente para saber de qué nos tenemos que desprender, aligerando la pesada mochila que llevamos cargando durante años y que, apenas sin darnos cuenta, nos impide avanzar por el camino hacia la independencia financiera.

—¡Coño!, sí que vamos a dar la vuelta a las cosas —dijo el incrédulo.

—¡No sabes bien de qué manera! —exclamó Javier.

—¿Cuál es su punto de partida concreto, señor Malfiat? —repitió Roberto.

—Veamos: tengo cuarenta y cinco años, vivo en Barcelona, casado, un hijo; tengo un sueldo de 36.000 euros brutos anuales; tengo una casa, residencia habitual, valorada en 400.000 euros, con una hipoteca pendiente de 150.000 euros; una segunda en Águilas (Murcia), valorada en 200.000 euros, con una hipoteca de 50.000, y unos 15.000 euros entre acciones, fondos y plan de pensión (4.000 euros). Tengo un préstamo de esos rápidos de 6.000 euros.

—¿Qué horario de trabajo tienes? —le interrumpió Roberto.

—De ocho y media a una y media, y de cuatro y media a siete y media.

—¡Tercermundista! —exclamó el anfitrión.

—Horrible —añadió Carmen.

—¿Quién te ha metido en este berenjenal? —preguntó Roberto.

—Yo solito.

—¿Es lo que quieres?

—Ahora no lo sé, me haces dudar.

—No me fastidies, ¿cómo puede existir alguien que esté a gusto con ese horario?

—¿Cuándo podré dejar de trabajar? —dijo Andréu como quien pregunta al médico después de haberle explicado los síntomas y esperando un rápido diagnóstico.

—No vayas tan rápido. Primero tenemos que trazar una estrategia para resolver este entuerto y ver si estás dispuesto a hacer lo que te proponga, señor Incrédulo.

—Cada vez menos, señor Santa Rita —dijo Javier.

—¿Cuándo será el momento adecuado? —repitió Andréu.

—Depende; en mi caso decidí que el momento fuese al principio. Cambié todo de manera radical; mas reconozco que no debiera ser así. Siempre digo que soy un magnífico ejemplo de persona que ha conseguido el objetivo, pero soy un pésimo ejemplo si nos atenemos al camino radical que decidí tomar para llegar a él.

—Y con esto que me dices, ¿tú eres la persona que nos pretende enseñar?

—Precisamente porque sé el camino que no hay que seguir, os voy a enseñar el adecuado. Igual que cuando hemos hablado de las diferentes costumbres de los países, tomemos lo positivo y desechemos lo negativo.

—Era una broma. Estamos convencidos de que nos encontramos en el lugar adecuado —dijo Javier.

—No hay problema. Veremos que cuando seamos capaces (cuando alcancemos el nivel de conocimiento adecuado) de generar el mismo dinero que ganamos en nuestro trabajo por cuenta ajena y en menos tiempo, nos surgirá el dilema, y entonces sí tendremos que elegir.

—¿Habrá riesgo?

—Sin duda, todo en la vida tiene riesgo; no podrás aplicar aquello de: «hasta que no tenga algo seguro no dejaré mi trabajo». Estarás en el aire durante un tiempo; es inevitable.

—¿Qué debo tener en cuenta a partir de ahora?

—Primero: tener claro dónde estás y lo que tienes (para esto no estaría mal que te pusieses en la soledad del espejo de tu baño, como hice yo, y te lo preguntes), fundamentalmente con la idea de aligerar el equipaje y utilizar los recursos (talentos y limitaciones que tienes) con la mayor eficiencia posible. Segundo: saber que el tiempo es vital y no se puede entregar así como así, y si queremos alcanzar el objetivo es ciertamente complicado hacerlo trabajando por cuenta ajena (lo entregamos por muy poco). Y por último: tener muy claro el impuesto que pagas y el que quieres pagar.

5
¿CUÁL ES TU OBJETIVO?

¿Sabes cuál es una de las diferencias principales entre una persona que consigue sus objetivos y otra que no?

—Ni idea.

—Las que alcanzan el objetivo saben exactamente lo que quieren, tienen una estrategia para conseguirlo, piensan antes de hablar, organizan bien su tiempo y lo dedican a realizar acciones para conseguirlo, controlan sus gastos y viven dentro de sus posibilidades, nunca critican sin conocer a la persona o del tema del que hablan.

—Y, ¿los que fracasan?

—Hacen todo lo contrario. ¡Hacer examen de conciencia!

—¿Cómo marco mi objetivo? —dijo Carmen leyendo la pregunta número cuatro.

—Solo las personas que tienen un objetivo definido y una estrategia para alcanzarlo lo logran. Así que lo que vamos a marcar ahora mismo es el objetivo; más adelante iremos viendo los pasos para conseguirlo.

—Cuenta el caso de tu amigo el del Maserati y el piso en la calle Serrano, de Madrid —le animó Carmen.

—De acuerdo. Tengo un amigo que tenía un trabajo en el que percibía una cantidad igual que la que cobra Andréu. Este «personaje» decidió endeudarse para comprar un Maserati y, casi al mismo tiempo, heredó un piso en la calle Serrano. «Un chollo», estaréis pensando. Al mes siguiente le echaron del trabajo y, haciéndose la pregunta de dónde estoy, se dio cuenta de que tenía un patrimonio importante y no tenía liquidez. Me llamó por teléfono para quedar, con la idea de que le asesorase. Quedamos y cuando me contó la historia me preguntó: «¿Qué hago?». «¿Quieres saber lo que haría yo?», le contesté. «Sí.» «¿De verdad?», volví a insistir. ¿Por qué es este tío así de pesado?, os preguntaréis. Cuando tengo dudas de lo que realmente quiere el interlocutor lo suelo preguntar hasta tres veces, así que ese día estuve moderadamente pesado, ya que hay una gran diferencia entre decir que se quiere algo y que se quiera de verdad, y, como sabéis de sobra, no me gusta nada que me hagan perder el tiempo. «Vende el piso y el coche.» «No puedo hacer las dos cosas.» «Vende el piso», le dije, viendo claramente por dónde venían los tiros. «Y, ¿dónde voy a vivir?» «Buscas un piso de alquiler en Madrid, incluso en otra ciudad, y con el dinero de la venta te diseño un plan financiero que te permitirá vivir de las rentas y no tener que trabajar nunca más.» «Y, ¿dónde voy a dar las fiestas?» «Vende el coche», le dije, cambiando de estrategia. «No puedo.» «¿Por qué?» «¡Cómo voy a aparecer por las discotecas sin el coche!» «Ponte a trabajar.» «No lo tengo claro.» «No puedo», le dije. «¿Qué es lo que no puedes?», me preguntó sorprendido. «Eres patético: tienes un patrimonio suficiente para dejar de trabajar y no eres capaz de decidir nada interesante. Tienes un grave problema.» Moraleja: tenemos que ser conscientes de lo que tenemos, saber dónde queremos llegar y estar dispuestos a decidir y aprender a desprendernos (es una auténtica gozada quitar cosas de nuestra vida, simplificar, ir ligeros) de lo que sea con tal de llegar adonde queremos. Con esa estúpida indecisión no se puede ir a ningún lado.

—Curioso —dijo Javier.

—Ya sé que estáis pensando que vaya decisión, que ya os gustaría tener ese problema y cosas por el estilo; pero pensar que para cada persona su decisión, aparte de no ser intercambiable, es la más importante. Así que, a partir de ahora preocuparos de vuestros asuntos, vivir vuestras vidas y no os fijéis en la de los demás. ¡Esto es una orden!

—¡Señor, sí, señor! —exclamó Carmen.

—Sigue, por favor —dijo Andréu, cada vez más cerca de los postulados de Roberto Santa Rita.

—Después de esta breve historia, ¡planteemos tu objetivo! ¿Serás capaz de marcarlo? Si tienes problemas, no te preocupes, que te ayudaré.

—Antes quisiera saber cuándo alcanzaré mi independencia financiera.

—La de cada uno se encuentra en un lugar diferente, pero la contestación más sencilla y directa que se me ocurre es la siguiente: alcanzarás la independencia financiera cuando llegues a conseguir un capital que, invertido en un producto financiero, nos rente mensual o anualmente una cantidad previamente establecida para poder cubrir durante el resto de mis días los gastos y caprichos (también previamente definidos) sin tener que trabajar. Es decir, cuando lleguemos al punto en el que el dinero trabaje para nosotros y no al revés. Si después de conseguido el objetivo deseo seguir trabajando... ese es otro cantar.

—Ayúdame —pidió Andréu en la primera muestra de flaqueza desde que llegó.

—Encantado —contestó Roberto—. Vamos a determinar una cantidad, a la que yo le llamo GRAN CAPITAL, que una vez conseguida, en un plazo determinado (yo me puse diez años, pero dependiendo de la cantidad a la que deseemos llegar podrá ser más o menos tiempo), me permitirá afirmar que he conseguido la independencia financiera (poder vivir sin trabajar y así tener tiempo para dedicar a todas aquellas actividades que me satisfagan y que, también, previamente habré definido). Asimismo tendremos objetivos intermedios: mensuales, anuales y trianuales (los tres primeros años son importantes). Tenemos que darnos de vez en cuando algún «azucarillo», ya que si solo tuviésemos un solo objetivo a largo plazo correríamos el riesgo de desanimarnos por el camino, y eso no puede suceder de ninguna de las maneras. A la hora de marcar el objetivo tengamos en cuenta que algún dinero evita preocupaciones; demasiado, las atrae.

—Intentaré no pasarme.

—Tan solo tiene que ser algo ligeramente por encima de lo razonable.

—Establezco mi independencia financiera en 5.000 euros netos al mes —sentenció el incrédulo.

—¿Completamente seguro?

—Sí.

—No me cambies después las cantidades.

—No lo haré.

—De acuerdo. Esa cantidad multiplicada por doce meses hace un total de 60.000 euros netos al año, ¿correcto?

—Sí.

—El siguiente paso es elevar la cantidad neta para hallar la cantidad bruta, que es la neta más impuestos.

—¿Qué es eso de elevar?

—Es la manera de usar las matemáticas para saber cuál es la cantidad bruta sobre la que tenemos que pagar impuestos para obtener el neto de 60.000 euros. En nuestro caso, ya que elegiremos qué impuesto pagar (el 18 por 100 correspondiente a los incrementos de patrimonio o plusvalías), vamos a tener que elevar a ese tipo impositivo para hallar el bruto: si dividimos 60.000 entre 0,82 nos da un resultado de 73.171.

—¿Esa es la cantidad bruta que tendría que percibir para, después de impuestos, obtener unos ingresos netos anuales de 60.000 euros? —preguntó Andréu.

—Sí, señor.

—Sigue.

—Ahora tendremos que elevar de nuevo.

—Me está entrando vértigo —dijo Javier Martos en un mal chiste.

—¿Qué tenemos que conseguir ahora?

—El GRAN CAPITAL: la cantidad que tenemos que lograr, en el plazo de años que sean, y que supone nuestra independencia financiera total. Supone la cantidad que una vez conseguida y, por ejemplo, invertida en una renta fija sea capaz de darnos los 73.171 brutos anuales (60.000 netos) sin tener que trabajar o sin esfuerzo. Por ejemplo, voy a ser conservador, supongamos que el gran capital, una vez conseguido, lo colocaremos en un producto que nos rente el 5 por 100 anual. Elevemos de nuevo: si divido los 73.171 euros brutos entre 0,05 nos dará la cantidad total (1.463,420 euros), que constituye su GRAN CAPITAL, señor Malfiat, es decir, su independencia financiera.

—¿Qué? —dijo Andréu, que estaba un poco mareado con tanto cálculo.

—En el momento en que tenga usted la cantidad citada e invertida en ese producto al 5 por 100, le rentará exactamente 73.171 euros brutos al año, menos el 18 por 100 de impuestos hace una cantidad neta de 60.000 anuales, es decir, 5.000 euros netos mensuales. ¿No es lo que usted quería?

—¡Exactamente! —exclamó el visitante.

—De acuerdo. ¿Podrás vivir con esta cantidad el resto de tus días una vez la consigas?

—Como un marqués.

—¿Seguro?

—Seguro.

—¿Te das cuenta de que ahora el dinero trabajará para ti y que si no lo deseas no tendrás que trabajar?

—Me doy cuenta.

—Ahora ya tenemos nuestro punto de partida y nuestro objetivo.

—Eso parece.

—¿Qué toca ahora? —preguntó Javier.

—Ahora tenemos que empezar a andar.

—Yo pensaba que la independencia financiera consistía en tener todo el dinero del mundo para comprar cualquier cosa que desee —dijo absorto el incrédulo.

—Para mí esa definición no es válida. Yo creo que todos nos tenemos que marcar una cantidad que nos permita vivir como queremos y, así, tener la posibilidad de usar nuestro tiempo en lo que nos plazca. ¿Para qué queremos diez mil euros al mes si con cinco mil me basta para hacer todo aquello que quiero?

—No estaría mal tampoco —dijo Javier.

—Os voy a contar una anécdota: tuve un alumno, muy gracioso él, que cuando me conoció me agarró por banda para decirme cuál era su objetivo. En un principio se hizo de rogar y no quería decírmelo, hasta que después de mucho insistir se lanzó: «Un millón de euros... al día». «Para qué quieres tanto.» «Para darle en los morros a mi padre, que es el terrateniente del pueblo.» Le dije que me parecía excesivo, pero que con su vida podía hacer lo que quisiese. Ahí quedó la cosa. Comenzó el proceso formativo conmigo (que os explicaré ampliamente cuando hablemos de los futuros) y al mes me dijo que él no podía estar simulando, que él necesitaba entrar en el mercado con dinero. «No estás preparado todavía.» Dio igual; se empeñó, abrió la cuenta en el *broker* con 200.000 dólares y entró en el mercado. El primer día que operó, yo estaba cenando en Barcelona; eran las once y media de la noche y mi móvil, que estaba encima de la mesa, comenzó a vibrar. Era él. Me dijo que estaba dentro del mercado (siempre digo a mis alumnos que a las cinco de la tarde fuera del mercado) con una posición. Obviamente, le dije que se cerrase; me dijo que no podía, ya que ahora estaba en pérdidas. «Entonces tendrás que estar toda la noche pendiente del mercado.» Es lo que hizo. Resumiendo: este «atontado» tuvo que cerrar la posición a la mañana siguiente con 40.000 dólares de pérdida. No escuchó mis consejos, ninguno de ellos, pensando que sabía más que yo y que nada más entrar en el mercado con esa gran cantidad de dinero se iba a «forrar». Analicemos la situación: entró a operar con dinero muy pronto; no estaba entrenado en el enfrentamiento psicológico con el mercado, con una cantidad desorbitada de dinero; no siguió ninguna fórmula de gestión monetaria; no colocó *stop* de protección, y no hizo dos semanas de prácticas con la plataforma del *broker* antes de entrar al mercado con dinero; resultado: catástrofe. Es muy posible que esta haya sido una de las carreras más cortas en la historia de la operativa en futuros.

—¿Le incluimos en la estadística del 90 por 100 de perdedores? —preguntó Javier.

—Por supuesto —dijo Andréu.

—Esta es la clara demostración de que no todo el mundo pierde todo en seis meses, sino que hay mucha gente que, por unos motivos u otros, se retira antes de empezar. Es imposible que alguien sin preparación pueda conseguirlo. Por eso, el campo de batalla está lleno de cuerpos mutilados. ¡Hacedme caso!

—Menudo elemento.

—Sigamos con tus números razonables y olvidemos la idea de conseguir cantidades desorbitadas que no sirven para nada —sentenció Roberto.

—Está claro —dijo Andréu impaciente.

—Vayamos con otro tema que, para mí, tuvo importancia capital: el lugar donde deseo vivir. ¿Dónde te gustaría vivir? —preguntó Roberto a Andréu, mirándole directamente a los ojos.

—En Palma de Mallorca, por ejemplo.

—Lo deseas de verdad.

—Sí.

—¿Por qué esperar?

—Ahora mismo no encuentro ninguna razón para hacerlo —dijo el incrédulo, contagiado por el entusiasmo y la claridad con la que Roberto exponía las cuestiones.

—No te ha pasado muchas veces que dices: «cuando pase esto haré lo otro» y… nunca pasa lo que dices y nunca haces lo que deseas.

—Muchas, es verdad.

—¡El momento de hacer las cosas siempre es YA, ahora mismo! —exclamó Roberto—. Así que no vamos a esperar, vamos a plantear todo ahora mismo; luego ya veremos cuándo comenzamos a ejecutarlo.

—Me parece un maravilloso inicio. Pero, ¿por qué cambiar todo? —preguntó Andréu.

—No vamos a cambiar todo; cambiaremos solo aquello que sea necesario y que suponga un lastre. Algunas cosas te costará cambiarlas, pero, si te convences de que es necesario, no habrá problema: todo está en la mente, y el ser humano hace siempre aquello que desea, y si no lo hace es que no lo desea con suficiente fuerza. Has venido aquí, porque no crees, a oír qué es lo que tengo que decir. Mi cometido hoy es decirte claramente lo que yo haría en tu situación y cómo lo haría. Después… haz lo que quieras.

—De acuerdo.

—Hay veces que al hacer preguntas tan simples como dónde me gustaría vivir realmente, y al pensar seriamente la respuesta, nos damos cuenta de que quizá no estamos donde deseamos. ¡Si es así, tenemos que cambiar ya! La vida es muy corta y no podemos desperdiciar el tiempo. ¿Recuerdas la historia de mi amigo, el que cada vez que podía «huía» de Madrid?

—¡Como para olvidarlo!

—Pensemos entonces, con todas nuestras fuerzas, en dónde nos gustaría vivir. Seguramente, si como parte de nuestro plan damos el paso, ahorraremos mucho dinero y viviremos mucho mejor. En los países anglosajones, Estados Unidos, por ejemplo, las personas se mueven, no tienen problemas para coger las maletas y cambiar de estado si creen que van a aprender o mejorar. En España, para que una persona deje su ciudad, hace falta poco menos que un milagro, y no digo nada si tiene que cambiar de país. Yo, personalmente, no me encuentro en ese grupo, ¿y tú?

—De momento, sí. Pero estoy dispuesto a cambiar.

—Entendido —dijo Roberto.

—¡Vayamos al grano!, por favor —pidió Andréu.

—Vayamos.

—¿Qué debemos tener en cuenta a partir de ahora? —preguntó esta vez Javier.

—Saber desde el primer día en el que inicies el camino dónde quieres llegar (el objetivo, premio gordo); ser conscientes, ya que lo deseas con todas tus fuerzas, de que hasta que no lo consigas no pararás, dejando las excusas a un lado y, sobre todo, teniendo claro el plan que vas a seguir.

6
¡SE HACE CAMINO AL ANDAR!

¿Cómo empezamos? —preguntó el incrédulo.

—Con ciertas normas.

—Me lo temía —dijo Javier.

—Antes de deshacerte de toda la basura y prejuicios que encorsetan tu mente, solo tienes que preguntarte cuál es tu meta en la vida y qué has pensado hacer para alcanzarla. Es así de simple. Y, ahora, vamos a ir precisamente con esas «cosas» que tenemos que hacer. ¿Entendido?

—Sí.

—El primer aspecto a tener en cuenta es: organizar nuestro tiempo mediante un horario; cada persona tiene que establecer el suyo, pero no creo que el mío esté muy desencaminado. Organizar el tiempo para dormir, hacer deporte, operar en futuros, revisar nuestro plan de pensión privado, leer, comer, ocio, organizar hasta el tiempo de los fines de semana. El tiempo es el bien más valioso de que disponemos y no podemos permitir que se nos escape entre los dedos de las manos (eso es lo que hacen los mediocres y los que no tienen las cosas claras), así que hay que organizarlo para poder exprimirlo al máximo.

—Queda claro.

—¿Qué tal comes?

—No me quejo —contestó jocoso Andréu.

—Digo desde el punto de vista nutricional: a la máquina hay que darle combustible de calidad.

—Supongo que normal.

—El segundo punto es la dieta. Aprender (si para ello tenemos que comprarnos y leernos un par de libros de nutrición... adelante) a comer sano y correctamente.

—¿Sabes cuál va a ser tu trabajo a partir de breves fechas?

—¿Las inversiones? —dijo rápidamente Andréu.

—¿Algunas en especial? —insistió Roberto.

—Los futuros.

—¡Correcto! Vayamos al tercer punto: decidir el producto en el que vamos a trabajar y para el que tengo preparada una tarjeta «fuera de programa». Sé que todavía no estáis preparados para muchas cosas de las que vais a escuchar, pero voy a imaginar que ya habéis adquirido todos los conocimientos necesarios y estáis preparados para ejecutar todas y cada una de las acciones que os voy a proponer.

—La decisión es clara: los futuros —repitió Javier.

—Tienes razón, pero no solo eso —dijo Roberto.

—¡Anda!, esto sí que es una sorpresa —exclamó Javier.

—Paciencia.

—Sigamos —ordenó Carmen.

—¿Qué tal estamos de gastos? —preguntó Roberto.

—Supongo que como todo el mundo.

—Era una pregunta retórica.

—Vale.

—Cuarto punto: ser consciente de los gastos en que incurrimos y realizar solo aquellos que sean necesarios y eficientes (no hace falta que diga más respecto a este tema, ya que estoy seguro de que Javier te lo comentó sobradamente al explicarte cómo transcurrió nuestro primer fin de semana y, también sé, que no es lo que más os interesa hoy).

—Cierto.

—¿Sueles leer habitualmente? O eres de esos que dicen chorradas, y encima lo cuentan, del tipo: «no me gusta leer» o «yo solo leo un libro al año y más concretamente en el mes de vacaciones»

—Soy de los segundos; lo siento —confirmó Andréu.

—¡Qué pena!

—¡Ja, ja, ja! —soltó en forma de carcajada Javier Martos.

—A partir de hoy vas a cambiar —ordenó Roberto sin hacer caso al comentario del nuevo visitante. Punto quinto: leer libros sobre temas relacionados con la consecución de nuestro objetivo, que no es otro que la independencia financiera.

—Quiero conocer qué libros han sido importantes en tu vida —dijo Javier.

—Te has adelantado. Al final os haré una lista. ¿Le parece bien, señor Martos?

—Lo llevo esperando un año, señor Santa Rita.

—Os garantizo que os sorprenderéis con la lista.

—¿Por qué? —preguntó Andréu.

—Os imagináis que para tener éxito en las inversiones es necesario poseer unos conocimientos especializados y determinados, y creo que os llevaréis sorpresas.

—Esperaremos a comprobarlo.

—Aunque parezca curioso, la consecución de nuestro objetivo no solo es una cuestión de dinero, sino de crecimiento vital.

—Javier, ¿definirías a Andréu como una persona ordenada?

—Ordenado hasta la compulsión, diría yo.

—El sexto punto es el orden: hay que ser ordenado, pero tampoco hasta el extremo de la obsesión. Mantener todo ordenado en nuestra vida: la casa donde vivimos, nuestros libros, nuestra ropa, documentos (como tendremos menos relación con los bancos, imaginad la cantidad de papeles que no tendremos que revisar y ordenar cada fin de semana); en fin, MANTENER TODO ORDENADO. Recordad: todo lo que nos haga progresar nos acerca al objetivo.

—Tomo nota —dijo el incrédulo.

—Ahora que ya tenemos claro el punto de partida (con qué contamos) y el objetivo (dónde queremos llegar), ¡vamos a deshacernos de todo lo superfluo, de todas las cosas que nos molestan en nuestra vida, que nos distraen mentalmente, aunque muchas veces no nos demos ni cuenta, y que pesan mucho, bastante más de lo que podamos llegar a imaginar.

—¿Deshacernos? —preguntó molesto Andréu.

—¡Mira! —exclamó Roberto, que había percibido la intención del incrédulo—, yo te digo lo que haría en tu situación y después haces lo que consideres oportuno. ¿No me has pedido claridad al inicio del día?

—Sí.

—Pues allá vamos.

—Continúa, por favor —dijo Javier.

—En tu caso creo que debieras deshacerte de tu segunda vivienda, vender las acciones y los fondos de inversión, y, por supuesto, no volver a realizar ninguna aportación más al plan de pensión.

—Así, ¿sin más?

—Exacto. Vamos a quitar todo lo que es un lastre y que podremos mejorar gracias a nuestro conocimiento.

—De acuerdo, si tú lo dices.

—¡Perfecto! ¿A que te encuentras más ligero?

—¡Ja, ja, ja, ya lo creo! ¡No hay más remedio!

—Después de haber arrojado a la basura todo lo que claramente nos sobraba, lo ineficiente e innecesario (recordad los principios), vamos a aprender cómo se mueve el dinero, de diferente manera a como lo hemos venido haciendo y de como siempre hemos creído.

—¡Todo son cambios hoy! —exclamó Javier.

—La vida es un cambio continuo para el que tenemos que estar preparados; si nos estancamos y nos quedamos quietos, estamos perdidos. Estoy seguro de que conoces gente de este tipo.

—Sigue —dijo Andréu en clara demostración de que estaba completamente de acuerdo con Roberto.

—¡Escucha, Andréu! —dijo Roberto, subiendo el tono de voz para llamar la atención de todos—. Las inversiones en acciones, fondos de inversión o cualquier otro producto financiero, incluso los créditos de todo tipo y cualquier otro aspecto que tenga que ver con el mundo del dinero, no funcionan como las entidades financieras ni los medios de comunicación nos intentan transmitir, cosa que la mayoría de veces consiguen.

—¿No?

—¡No! El juego está montado para que todo el mundo vaya por la misma senda. Imagino que recuerdas la línea en zigzag que unía el punto de partida con el objetivo que nos hemos marcado.

—Perfectamente.

—El juego funciona en tanto en cuanto que la gente siga participando, y te aseguro que la mayoría lo seguirá jugando con todas sus fuerzas. Pero nosotros lo jugaremos de otra manera: nos aprovecharemos de que la gente siga «libremente» yendo por donde le indican y nosotros iremos, aprovechando la energía de la masa, por otro camino muy diferente, más eficiente y mucho más rentable.

—Ejemplo, por favor —solicitó Carmen.

—Imagínate que hay dos establecimientos de comida rápida juntos: uno sirve hamburguesas gratis y el otro no. ¡Dios me perdone por lo que voy a decir!: todo el mundo irá al *fast food* que ofrece la comida gratis. Todos menos nosotros, que iremos al establecimiento que nos cobra por la comida. Los primeros perderán bastante tiempo, ya que habrá una cola importante, y nosotros usaremos el tiempo que nos ahorramos para hacer cosas más productivas. Si sumamos todos esos momentos en los que vamos a conseguir cosas gratis (fáciles), ya tenemos mucho camino ganado. La mayoría va a lo que parece fácil, a lo que parece lógico, a lo «gratuito». Nosotros, por el contrario, iremos a lo que parece difícil y que no lo es tanto, a lo alocado, donde tengamos que pagar un precio; en definitiva, adonde está la «canela» del asunto, siempre a contra mano.

—¿Tú siempre has sido así?

—Como imagino sabes, mi madre es muy dada a refranes, y como no podía ser de otra manera, a mí, desde muy pequeñito, me asignó el siguiente: «Hijo, tú por no dar gusto a Dios entras de culo en la iglesia».

—Es decir, que lo tuyo de ir siempre contracorriente es de nacimiento.

—Más que contracorriente, que también, ir por el camino que la mayoría deja libre.

—¿Por qué has dicho antes que Dios te perdone?

—¡Por favor, Andréu! —exclamó Carmen—. Roberto jamás iría a un antro de comida rápida. Va contra su formación gastronómica.

—Todo esto de ir contra el mundo da un poco de impresión, ¿no?

—Tampoco es para tanto —dijo Carmen.

—Todos dicen que hay que comprar casas, ¿cómo actúo si no les hago caso?

—¿No se puede vivir de alquiler? ¿Es pecado? ¿No se puede invertir el dinero de otro modo que no sea el «ladrillo»?

—¡Joder! —dijo Andréu, resoplando y girando la cabeza en señal de claro malestar.

—¿Queremos la independencia financiera?

—Sí —contestó Javier, dando un leve empujón de ánimo a su amigo.

—Todo tiene un precio, incluso las inversiones, y el inmobiliario es muy caro, tanto en precio como en impuestos.

—Cuenta lo que te decía el «duque» —le animó Carmen.

—En cierta ocasión conocí a una persona de cualidades excelentes y de quien aprendí mucho; único superviviente de un naufragio, curtido en mil batallas y que hacía tiempo había logrado la independencia financiera, me dijo la siguiente frase: «Si tienes dinero para poseer una cosa... ¿para qué quieres comprarla?». Jamás lo he olvidado.

—Muy buena la frasecita, sí, señor —exclamó Javier.

—Y, ¿qué hacemos los que estamos metidos hasta el fondo en este maldito «viaje»?

—Te sales y vuelves a empezar.

—¡Como si fuera tan fácil!

—Nadie dice que lo sea. Pero igual que has entrado puedes salir.

Andréu Malfiat no articuló palabra.

—¿Recuerdas cuándo conseguiste tu primer trabajo?

—Perfectamente.

—¿Cómo estarías hoy si hubieses emprendido el camino que planteo y no te hubieses metido donde estás ahora? ¿Podrías tener ahora menos gastos y más dinero si estuvieses trabajando para ti? ¿Habrías conseguido ya hoy el objetivo?

Andréu continuaba absorto, sabedor de que Roberto Santa Rita tenía razón.

—El conseguirlo, entre otras muchas cosas, es cuestión de variar los hábitos (esos que tenemos ya adquiridos cuando salimos del cascarón familiar y nos adentramos en la jungla).

—Es un punto de vista interesante.

—Perdona: es «el» punto de vista.

—¡Ja, ja, ja! —rió Andréu, distendido por primera vez.

—Fíjate si es interesante —prosiguió Roberto sin hacer caso a las carcajadas— que tengo intención de crear una academia para instruir y ayudar a jóvenes, y no tan jóvenes, a emprender el camino «diferente». Enseñar a aprender a ingresar por conceptos que estén gravados con menos impuestos, inculcar el gasto razonable y eficiente, enseñar cómo hacer crecer el capital, cuándo es el momento adecuado (según su situación que yo llamo APIG: Activos, Pasivos, Ingresos y Gastos) para comprar una vivienda, plantearse adquirir una multipropiedad (inversión inmobiliaria peculiar con un componente lúdico que permitirá tener garantizadas unas vacaciones, con el consiguiente ahorro en estas, en cualquier lugar del mundo), enseñar cómo se estructura un plan de pensión privado, enseñar cómo y para qué necesitamos a los bancos (mucho menos de lo que te imaginas).

—Esa idea de la academia me parece realmente interesante —dijo Javier.

—¿También te basas en ahorrar en servicios financieros imprescindibles para nuestra vida? —preguntó Andréu.

—Quizá tendríamos que ser más exigentes al contestar a la siguiente pregunta: ¿Qué son servicios imprescindibles para nuestra vida financiera? Yo creo que hay muy pocos; casi ninguno diría yo. Hay un concepto denominado «economía de opción»: siempre que voy a realizar una acción financiera tengo varias opciones para llevarla a cabo, incluso en varias entidades diferentes, por ejemplo. Si puedo realizar algo de dos maneras y en una de ellas, consiguiendo lo mismo, me ahorro una cantidad importante, ¿por qué voy a pagar más?

—Claro, ¿quién sería el idiota que elegiría la opción más cara?

—¡Si tú supieras la cantidad de idiotas que hay pululando por ahí!

—¿Puedes poner un ejemplo?

—De acuerdo: tengo un amigo que operaba en el mismo mercado que yo (futuro del Mini SP 500 de Chicago) y un día hablando me preguntó que cuál era la comisión que yo pagaba por contrato a mi *broker.* Yo le dije que el *broker* era americano y me cobraba cinco dólares por contrato (entrada y salida). Él se quedo estupefacto al oír esto y me dijo que eso no podía ser de ninguna de las maneras y que él pagaba 40 euros por lo mismo (en un *broker* español). ¿Qué os parece?

—Que era un cenutrio.

—Sí; pero ¿dónde radicaba el problema? Mi amigo tenía uno muy grave (ahora ya no lo tiene, ya que ha cambiado de *broker* y opera con el mismo que yo) de desinformación o de falta de conocimiento, al margen de que el *broker* español que le cobraba esa cantidad era y es un auténtico ladrón. Si hubiese tenido el conocimiento o, por lo menos, la información necesaria hubiera tenido la posibilidad de elegir. Imaginad lo importante que es conocer las reglas del juego y dónde buscar cada cosa. A esa posibilidad de elegir se le llama «economía de opción».

—Entendido.

—Ocurre lo mismo a la hora de diseñar estructuras fiscales.

—Ese tema me interesa —dijo Andréu, que estaba esperando a que llegase desde hacía tiempo.

—Ya sé que te interesa, pero como decía un famoso político: «Hoy no toca».

—Me lo temía. ¿Podré acudir a la academia que has pensado crear? —preguntó el incrédulo, al que se le iban cayendo las corazas por momentos.

—Por supuesto.

—Por cierto, tengo que comentaros un titular que leí el otro día y que viene al pelo dentro de lo que os he dicho con enseñar a la gente a tomar la decisión de adquirir su vivienda solo cuando su capacidad razonable de endeudamiento se lo permita. El titular de uno de los periódicos económicos de mayor tirada del país rezaba así: «Contra el alza de los morosos, hipotecas más largas».

—¡Vaya morro!

—¿Quién era el «listo» que lo suscribía?

—Ni más ni menos que un gran mandatario de una entidad financiera. ¿Qué os parece?

—¡Aberrante!

—Andréu, si Javier se tira por la ventana, ¿tú lo harías?

—Por supuesto que no.

—Hoy día hemos llegado a ese punto: todo el mundo se endeuda por encima de lo razonable y, ¡hala!, todos a comprar, y si no podemos, no importa, que ya viene el señor del titular del periódico y nos da una hipoteca a cincuenta años. No seamos estúpidos y cafres. Aunque haya tipejos como ese financiero, no caigamos en esa burda trampa; gastemos o invirtamos como nos dé la gana, pero, por favor, no nos endeudemos como si tuviésemos un encefalograma plano.

—¡Ja, ja, ja! —rieron todos.

—Lo digo muchas veces, pero hay todavía gente que no me hace ni caso: el camino hacia el objetivo es un camino vital, es decir, de vida; no hay que estar pensando constantemente en dinero mientras se recorre (esto, aunque resulte curioso, es de una importancia capital). Tenemos que ser capaces de adaptarnos a todos los obstáculos que, sin duda, nos vamos a encontrar (sobre todo al enfrentamiento psicológico, con el dinero y el mercado, para el que pensamos que estamos preparados, pero ni por asomo). Y... desengañaos: nada de lo que las entidades financieras nos ofrecen (yo no compro nada que me ofrezcan, solo aquello que yo voy a buscar) merece la pena a la hora de conseguir el objetivo: un banco no ayuda, solo es un medio que tenemos a nuestro alcance y que utilizamos exclusivamente para aquellas operaciones que sean imprescindibles para nuestros intereses. Diría que una cuenta corriente y quizá una tarjeta de crédito para usarla como medio de pago en algunas situaciones. Nada más.

—¿Nada más?

—Alguna cosilla más, pero... paciencia, vayamos por partes.

—Paciencia entonces.

—Repito: no nos engañemos; si queremos conseguirlo tendremos que formarnos y aprender a hacerlo nosotros mismos. Ningún banco lo hará mejor que nosotros cuando tengamos ese conocimiento. Seremos capaces de elegir entre todas las posibilidades que el mundo del dinero, la jungla para muchos, nos ofrece; será nuestro trabajo, actividad a la que tendremos que dedicar bastante menos tiempo del que dedicamos a nuestro actual trabajo.

—¿Qué te parece si vamos al camino? —preguntó Carmen.

—Me parece bien. A partir de ahora vamos a centrarnos en qué inversiones nos interesan y cómo tenemos que utilizarlas para avanzar y llegar adonde nos hemos marcado. Os recuerdo que nadie nos ha obligado; vamos a emprender este camino libremente, porque ya somos mayorcitos.

—La duda ofende, señor Santa Rita —dijo Javier.

—Este es uno de los puntos en el que más dudas me asaltan —expresó Andréu—: me refiero al relativo a las inversiones, a no saber, teniendo en cuenta el bombardeo diario al que nos someten los medios de comunicación, cuál tendré que utilizar y en qué momento.

—¡Buf, me habías asustado! —suspiró Javier—. Si después de venir hasta aquí ahora me llegas a decir que no lo tienes claro, ¡te mato!

—Tranquilo, cada vez me siento mejor—dijo el incrédulo, cosa que saltaba a la vista.

—Antes de nada, ¿han quedado claros los aspectos no financieros?

—Del todo.

—¿Sabéis qué es el minimalismo y el *downshiftting?*

—¿Qué es eso?

—Hacer más con menos; nos ayudará mucho si lo ponemos en práctica en todos los aspectos de la vida. Tranquilos, estará en la lista de libros finales.

—Vale.

—No perder el tiempo con la televisión, marcarse un horario para emplear el tiempo de manera eficiente, nos da igual lo que piense la gente; dormir bien (no salir por la noche, no emborracharse), marcarse unas normas estrictas y la consecuencia en caso de incumplimiento de estas (disciplina), intentar y poner todo el cuidado del mundo en hacer las cosas bien, en fin... Veo por la cara que ponéis que lo tenéis claro.

—Hay veces que eres muy pesado —dijo Carmen.

—¡Vayamos a ver cuáles son las inversiones que yo utilicé, cuáles no y de cuáles hay que huir como de la peste! ¿Preparados?

—Más que nunca.

—Yo también estoy preparado porque me da la impresión de que voy a escuchar cosas que no escuché la anterior vez —añadió Javier Martos.

—¡Menuda audiencia!

—¡Quieres empezar de una vez! —ordenó Carmen.

—Sigamos con las inversiones, nuestras armas.

Hay muchos productos en el mercado: *warrants,* acciones, obligaciones, letras del Tesoro, bienes inmuebles, oro, planes de jubilación, petróleo, diamantes, obras de arte, productos derivados (opciones y futuros de diversos tipos), fondos de inversión, multipropiedad, cuentas de «alta remuneración», planes de pensiones…

—¿Tantos? La mayoría de los que has citado no los había oído en mi vida.

—No te agobies; quizás esta sea la última vez que los oigas. Citaremos los más importantes y, sobre todo, nos centraremos en los que vamos a utilizar. Los que no cite, olvídalos.

—¿Qué debo tener en cuenta a partir de ahora?

—Tienes que estar atento a todo lo referente a los productos financieros de los que vamos a hablar a partir de aquí, ya que serán nuestras armas para llegar al premio gordo. ¡Así que: atento!

—Cuando dice atento es… ¡ATENTO! —apuntilló Javier.

—¿Estamos atentos?

—Lo intentaré —contestó tímidamente el incrédulo.

—¡Mal empezamos!

—¿Por qué? —preguntó Andréu, sorprendido.

—La programación mental es muy importante. Y, si empezamos usando verbos como intentar, creer y condicionales en general, nuestra mente será mediocre. ¿Vuelvo a hacer la pregunta?

—Por favor —dijo el incrédulo.

—¿Estamos atentos?

—¡Estoy atento y voy a conseguirlo! —gritó exageradamente la visita.

—¡Eso es! —exclamó Javier exultante.

7
¡Para perder mi dinero… mejor lo pierdo yo!

¿En qué banco puedo confiar? ¿Quién me da más por mi dinero? —preguntó Carmen, leyendo la tarjeta número ocho.

—Hace ya unos años siempre decía que el mejor banco es donde está tu amigo, pero hace tiempo que espabilé y aprendí que el banco solo es un medio para conseguir tus objetivos, no te va a ayudar en absoluto; es más, todo lo contrario. Esto funciona así; lo único que debemos tener claro es que actuaremos en consecuencia. Al bancario lo único que le interesa es vender lo que le dicen desde «arriba» para cobrar el incentivo por objetivos. Del banco como ente ya hablaremos más adelante.

—Vale.

—Supongamos que vamos a un banco con nuestro dinero: ¿qué opciones nos ofrecerá el director del banco? —preguntó Javier.

—Una cuenta de «alta remuneración», un depósito a plazo o un fondo de inversión (hay mil clases de ellos, pero todos sirven para lo mismo: cobrar grandes comisiones independientemente de si los partícipes ganan o pierden). Y para de contar. En todas ellas entramos perdiendo dinero.

—¿Cómo dices?

—Veamos cómo funciona un fondo de inversión en realidad, desde dentro, donde no puede acceder fácilmente una persona de la calle, pero...

—... nosotros sí —dijo Javier.

—Efectivamente.

—¡Qué lujo!

—No te puedes hacer ni idea —dijo Roberto—. Esto que te voy a contar te puede cambiar la vida para siempre.

—Empieza cuando quieras.

—Hace siete años estaba yo en Miami comiendo con una amiga colombiana que había sido una de las mejores agentes de Cambio y Bolsa en su país y estaba recién fichada por una de las gestoras de fondos de inversión más importantes de Estados Unidos para dirigir a un grupo de treinta *traders* que conformaban el «portaaviones» de Miami, encargados de gestionar todos los capitales que esa empresa tenía en administración. La gente de la calle piensa que cada uno de los fondos donde tienen depositado su dinero está gestionado por dos o tres personas, y es completamente al revés: cada persona gestiona uno o dos fondos.

—Vaya, otra sorpresa.

—Durante la comida estuvimos hablando de temas diversos. En un momento determinado ella se quedó pensativa y me dijo: «Roberto, ¿te gustaría saber cómo funciona un fondo de inversión por dentro?». «Me encantaría.» «Y, ¿ver un "portaviones" de verdad?» «Eso sería increíble.» Dicho y hecho. Pagamos la cuenta y tomamos un taxi hasta la puerta del edificio de corte *art decó* donde se hallaban las oficinas en las cuales trabajaba mi amiga.

—Antes de empezar, estaría bien que comentases cómo funciona un fondo de inversión a nivel general para que Andréu no se pierda —propuso Carmen.

—Tienes razón. Lo que voy a contar ahora Javier lo conoce perfectamente, pero creo que es vital para que no te pierdas mientras cuento la historia y le saques el jugo que se merece.

—Por mí no hay problema —dijo Javier—; es un placer escucharte.

—No seas «pelota».

—A mí también me parece fenomenal —dijo Andréu.

—Un fondo de inversión básicamente es un ente, una fórmula jurídica, llamado sociedad de inversión de gestión colectiva, que suele crear una entidad financiera para captar dinero de mucha gente, poder gestionarlo y cobrar comisiones a muchas personas de una vez. Hay muchos tipos de fondos de inversión, atendiendo a cuál sea su vocación inversora: imaginemos que el fondo de nuestro ejemplo invierte en su mayoría en renta variable española (acciones). El dinero llegará al fondo de los diferentes partícipes y ellos lo que harán es indexarse al Ibex 35.

—¿Qué es indexarse?

—Los fondos tienen que tener un objetivo a batir (llamado *benchmark),* y como en nuestro caso será el Ibex 35, indexarse o mimetizarse es como si comprasen todas las acciones del citado índice en la misma proporción o peso que tiene cada una de las acciones en ese índice para que si este sube, el fondo suba, y si el índice baja, el fondo...

—¡... baje!

—Exacto.

—¡Vaya gracia!

—No se me adelante, señor Malfiat.

—¿Qué mide exactamente el índice llamado Ibex 35?

—Conteste usted, señor Martos.

—Es la media ponderada de las treinta y cinco acciones con mayor capitalización bursátil de la Bolsa española.

—Muy bien.

—Prácticamente todos los fondos que inviertan en renta variable española harán lo mismo. ¿Qué ocurrirá?

—Que si la Bolsa sube el fondo subirá, y si el índice baja nuestro fondo bajará.

—Muy bien. Si el índice un año sube un 30 por 100, nuestro fondo, siendo muy optimista, subirá un 20 (debido al efecto de las comisiones que nos cobran), y si el índice baja un 40 por 100, nuestro fondo, aquí no voy a ser optimista, sino una hermanita de la caridad, caerá un 30 por 100 (digo hermanita de la caridad porque, casi seguro y debido al efecto de las comisiones, perdería más).

—Estoy temblando.

—La gestora del fondo cobrará pase lo que pase, ganemos o perdamos, el 2 por 100 de comisión de gestión sobre saldos medios. Es decir, si gestiona trescientos millones de euros, su comisión mínima ascenderá a seis millones. Hasta ahí, todo normal.

—¡Joder, normal! ¿Se llevan ese dinero aunque el inversor pierda?

—No se dice inversor, sino partícipe. Pero sí, así es.

—No me parece muy justo.

—Relájate, que esto no es más que el aperitivo.

—No quiero ni imaginarlo.

—Hasta aquí lo que Javier conocía de nuestro anterior fin de semana; ahora vienen las novedades. Retrocedamos de nuevo unos años y volvamos a Miami. Mi amiga y yo entramos en el edificio, yo siempre siguiendo sus pasos como un perro faldero; tomamos el ascensor hasta la planta séptima y, tras cruzar varias puertas, entramos en una sala donde estaban unas treinta personas dispuestas en una mesa en forma de una gigantesca C abierta y todas mirando hacia el centro, lugar donde, sin duda, se colocaba mi amiga, pensé. Efectivamente, nada más entrar, su secretaria le entrego un «pinganillo» (por donde daba las órdenes) que inmediatamente se colocó en la oreja izquierda y sin dejar de moverse dijo: *«Hi guys. Let's go to work!»*. [¡Vamos, chicos, a trabajar!] A mí me dijo que le siguiese por la sala mientras ella se movía, rápida como un diablo. Empezó a dar órdenes ininteligibles sobre las operaciones que tenían que hacer sus chicos en cada momento, dirigiendo la orquesta. Las paredes estaban forradas con pantallas de todos los mercados del mundo (cada persona tenía enfrente, a una altura de unos dos metros y medio, la que correspondía al mercado en el que esa persona trabajaba: había dos personas por cada mercado). Mientras iba de un lado para otro me presentó a cada uno de los operadores y me dijo en qué eran especialistas: «Marc Jonson (Dow Jones), Robert De Lorean (Nasdaq), Yukio Kamawata (SP 500)», y así uno por uno. Una vez me hubo presentado a todos sus «chicos» comenzó la clase magistral: «Al comenzar el año, en el mes de enero, pongo a mi equipo a trabajar, y supongamos que durante el primer mes llevamos un 10 por 100 positivo», dijo con energía. En aquel momento me pareció una «ligereza» que alguien hiciese un 10 por 100 tan fácilmente. Hoy lo entiendo. «De acuerdo», le dije. «Una vez conseguido, pongo a mis chicos a trabajar», dijo, alzando la voz para que los allí presentes le prestasen la máxima atención. Así lo hicieron: todos dejaron lo que estaban haciendo y miraron a Katerina Salmerón. Ella se dirigió a los dos primeros empezando por la izquierda y dijo: «Vosotros dos (eran sus chicos Dow Jones), cuando yo chasquee mis dedos, uno se pondrá largo [compra] con quinientos contratos y el otro corto [venta] con la misma cantidad, pero lo haréis exactamente a la vez. ¿De acuerdo?». No tuvieron ni que contestar. Cuando Katerina decía algo dentro de aquellas cuatro paredes nadie, absolutamente nadie, rechistaba. Ella hizo chasquear los dedos y los dos primeros *traders* hicieron la operación. «Vosotros vais a hacer lo mismo (esta vez eran los que se encargaban del SP 500): uno seiscientos en largo y el otro el mismo número en corto. ¡Ya!», ordenó, haciendo chasquear los dedos. Hizo lo mismo por parejas en todos los mercados. Y cuando hubo terminado de asignar a cada pareja una operación determinada, volvió a la primera pareja y dijo: «De nuevo, ¡ya!». Y repitió la misma operación con todas las parejas. Cuando terminó la segunda ronda me preguntó: «¿Ha pasado algo? ¿Observas lo que ha ocurrido?». «Ya lo creo, ¡alucinante!»

—¡Coño!, ¿qué había pasado? No entiendo nada —dijo Andréu completamente perdido.

—Javier, ¿qué pasaba? —preguntó Roberto.

—Nada. A uno le da una orden de compra por un número de contratos y a otro la misma de sentido contrario; el precio no se mueve, ni ganan ni pierden.

—¡Claro que pasa! Pasan muchas cosas —dijo Roberto, sabiendo que tenía a todos expectantes.

—Venga, Roberto, no seas pesado y desvela el secreto.

—Cada vez que mi amiga hacía chasquear los dedos y se compraban y vendían el mismo número de contratos, efectivamente no pasaba nada para la posición que ellos adoptaban; es más, les haría parecer por realizar esa operación, a ojos de cualquiera al que se lo cuentes, encefalogramas planos. Pero no, nada más alejado de la realidad: ¿qué era lo que realmente ocurría con esa aparente estúpida acción? Se generaban comisiones, que obviamente se quedaban en «casa», cada vez que ella hacía sonar sus dedos; una y otra vez; una, dos, tres, cuatro… y así hasta final del año, como ella me dijo. «En resumen —añadió—, todas las operaciones que el fondo de inversión realiza con el *broker* del banco generan comisiones para nosotros mucho más elevadas que las que el partícipe puede ver en la simple comisión de gestión.» Este ejemplo es uno más de por qué no es una buena elección los fondos de inversión y magnífico ejemplo de por qué lo primero no es hacer ganar al cliente: lo primero son sus comisiones y lo segundo, a gran distancia, el interés del cliente. Por eso siempre digo la siguiente frase: «Para perder mi dinero, mejor lo pierdo yo».

—Es increíble.

—¿Cómo se explica que haya años, como el pasado, en que el patrimonio gestionado por los fondos de inversión haya caído considerablemente y su facturación, lo que cobran a los partícipes, haya aumentado? Sin comentarios.

—Estoy pasmado.

—Aquí no termina esto.

—¡Ah, no!

—No. En un fondo de inversiones podemos realizar una inversión un día determinado y, más o menos, podemos retirarla casi en cualquier momento, ¿verdad?

—Cierto.

—¿Cuándo podemos retirar el dinero de las aportaciones a un plan de pensión convencional?

—Al jubilarnos o cuando suframos una incapacidad.

—Exacto. Imaginad la cantidad de comisiones que nos pueden cobrar durante el período que mantengamos nuestro dinero en el plan de pensión hasta la jubilación o, Dios no lo quiera, hasta que suframos una incapacidad.

—Realmente preocupante.

—Patético —dijo Roberto.

—Quiero más conocimiento —dijo Andréu.

—Sigamos con los productos financieros: ¿quién me dice que un fondo de inversión lo va a hacer mejor que yo si me instruyo en el mundo de las inversiones?

—Es obvio que tal y cómo actúa no lo va a hacer mejor que yo.

—Si aprendo (recordad que, al final, el ser humano siempre termina haciendo todo aquello que quiere) a gestionar mis inversiones no solo lo haré mejor, sino que además no os podéis hacer ni idea de las comisiones ineficientes que me voy a ahorrar y, aunque lo veremos cuando hagamos nuestro plan de pensión privado, la disminución de impuestos que puedo obtener, y por lo tanto, si disminuyo mi cuenta fiscal, el remanente que tendré para hacer crecer mi patrimonio. Por favor, ¡pongamos un poco de atención y no nos creamos todo lo que nos cuentan!

—No volveré a hacer más aportaciones a mi plan de pensión convencional y voy a retirar mi dinero de los fondos de inversión.

—Otra cuestión: ¿quién dice que el director de mi banco sabe más que yo de lo que precisan mis finanzas particulares?

—Visto lo visto, yo no seré quien te lo diga.

—Por supuesto que no. Nadie nos lo dirá. Nosotros sabremos qué hacer con nuestras inversiones y nadie nos dirá nada, entre otras cosas, porque no saben. Además, es imposible que me aconseje bien por dos limitaciones: la primera es que muchas veces no sabe de lo que habla, y la segunda, y más importante, es que nunca nos venderá lo mejor (no lo tiene), sino lo que le han dicho desde «arriba» que tiene que vender. Y, lógicamente, nuestro director de banco quiere conseguir sus objetivos mensuales, es decir, está mediatizado. Entre esto y su posible desconocimiento de las posibilidades que nos ofrece el mercado financiero mundial, no está capacitado para asesorarnos como nos merecemos.

—¿Ejemplo?

—Vete a tu banco y hazle la siguiente propuesta al director: «Le traigo mi dinero y, de los beneficios que su entidad sea capaz de sacar, les doy un 40 por 100; pero si no gano, ustedes tampoco». ¿Resultado?

—Ni idea.

—Te vuelves con tu dinero a casa, no quieren tu dinero. El sistema está diseñado de otra manera: nosotros ponemos el dinero en el banco; primero ganan ellos con las comisiones, y en segundo lugar, y si hay suerte, ganaremos nosotros. Ellos en presente; nosotros, quizás, en futuro.

—Así es —asintió Carmen.

—Tendría que existir una legislación en este sentido, que solo permitiesen cobrar a las entidades financieras si conseguían hacer ganar al cliente, ya que siempre creemos que nos están dando un servicio y realmente no hacen casi nada —dijo Javier Martos.

—Si queremos conseguir nuestro objetivo, no podemos esperar a que nadie haga el trabajo en nuestro lugar. Tenemos un plan y vamos a ejecutarlo, y no permitiremos que nada (la compra de una casa como inversión) ni nadie (un amigo o el director de un banco) nos obnubile y nos separe de nuestro camino.

—¿Cuál de los dos productos es más aconsejable: el plan de pensión o el fondo de inversión?

—¿Aconsejable? Ninguno, los dos son horrendos; pero si me obligas a quedarme con uno, me quedaría con el fondo de inversión.

—¿Por qué?

—Solamente por su tratamiento fiscal, aspecto que en este caso no me consuela demasiado; pero a igual gestión, si el fondo tiene mejor fiscalidad, ya tiene una ventaja sobre el plan de pensión. Dicho esto, quiero dejar claro que ninguno de los dos nos ayudará lo más mínimo a la hora de conseguir ser ricos en tiempo y dinero.

—¿Qué debo tener en cuenta a partir de ahora? —preguntó Andréu como colofón a este tema.

—Tenemos que tener meridianamente claro que ni los bancos, ni los gestores de los fondos, ni el vendedor de una promoción inmobiliaria saben más de gestionar el dinero que nosotros; es más, seguramente saben menos. Si yo estuviese equivocado y ellos tuviesen ese conocimiento no estarían donde están, y están, ¿verdad?

—Clarísimo.

—Somos especuladores, personas que queremos alcanzar la independencia financiera y vamos a usar las armas y productos que hay en el mercado en nuestro beneficio; y, por supuesto, no vamos a permitir que nadie se aproveche de nosotros. Recordad: para las personas que quieran alcanzar la independencia financiera, los bancos son instrumentos y no un servicio.

—Curioso punto de vista.

—Así que, para perder mi dinero, mejor lo pierdo yo: o aprendo cómo se realiza una determinada inversión o no invierto. Por lo tanto, ¡hay que ponerse las pilas y aprender! Si no lo hacemos, nunca llegaremos donde queremos.

8
¿CÓMO DEBO «COMPORTARME» ANTE CADA INVERSIÓN?

¿Cómo sé qué inversiones debo realizar en cada momento? —constituía la pregunta número cinco de Andréu.

—Muy buena pregunta, ya que uno de los objetivos que perseguimos es que el dinero llegue a trabajar para nosotros, y para ello tenemos que saber muy bien cómo funciona el mundo financiero, no el que nos dicen, sino el que a nosotros nos interesa.

—No es parecido.

—¡Ni en el blanco de los ojos! —dijo Roberto—. Esta creencia es otra de las razones por la que el 90 por 100 de la gente no tiene éxito en la consecución de sus objetivos económicos: no conocen cómo está montado el sistema y no saben cómo actuar en relación a ello. No puedes hacerte ni idea lo fácil que puede llegar a ser caer sin remedio en ese entorno.

—¿Qué tipo de inversiones vamos a utilizar mayoritariamente?

—De momento, lo único que te puedo decir a este respecto es que iremos viendo varios tipos de inversión e identificando cuáles usaremos y cuáles tiraremos a la basura. ¿Queda claro?

—Parece que en esta casa la paciencia es muy importante, ¿verdad?

—¡La paciencia es dinero! —exclamó Javier.

—¡Bravo «pequeño saltamontes» —asintió Roberto.

—Lo echaba de menos, maestro.

—¡Ja, ja, ja! —rió Roberto a carcajadas.

—Todo ello entendiendo que estéis convencidos de que queréis seguir este camino.

—¡Que sí, Roberto, no seas pesado! —exclamó Carmen.

—Tengo que dejarlo claro, es mi obligación.

—¡Sigue, anda! —le ordenó su media naranja.

—Prosigamos con más preguntas: ¿Por qué tanta gente tiene el dinero, en ocasiones grandes cantidades, en una cuenta, mal llamada, de alta remuneración o en letras del Tesoro, perdiendo dinero cada año?

—¿Cómo puede ser eso?

—Las letras del Tesoro y ese tipo de cuentas siempre pagan un porcentaje inferior al de la inflación; como ejemplo: si nos pagan un 3 por 100 y la inflación está al 4,5 por 100, estamos perdiendo ese diferencial cada año que permanezcamos en esa inversión.

—Visto.

—¿Por qué nos dejamos seducir por una cuenta que nos ofrece el 10 por 100 durante un mes y el resto del tiempo nos pagan el 3 por 100 anteriormente citado, muchas veces mediante publicidad engañosa? La motivación del banco es clara: pagan una cantidad interesante (10 por 100) a modo de gancho, sabiendo que un porcentaje elevado de los nuevos depositantes se quedarán como clientes y, por lo tanto, ya tendrán tiempo de cobrarles comisiones para recuperar lo pagado durante el primer mes. ¿Y nosotros, qué? ¿Vamos a estar cambiando de entidad cada mes para conseguir ese 10 por 100 o hasta que se acaben las entidades (no se puede repetir, ya que son para cantidades nuevas)? Sinceramente, me parece muy poco eficiente. Otra pregunta: ¿Por qué hacemos caso al primero que se nos cruza por delante, por ejemplo al director de mi banco? —prosiguió Roberto con su batería de preguntas.

—¿Cómo es eso?

—Nuestro vecino nos dice que se ha comprado una casa en Denia y nosotros la compramos porque nos ha dicho que es una increíble inversión. Tenemos un amigo promotor y parece que realizar algo con él va a resultar más rentable solo por la procedencia del consejo. El director de la sucursal del banco, presunto conocido de confianza o amigo, sin pedirle consejo siquiera, nos llama y nos dice que nos pasemos por el banco con el objetivo de ofrecernos una inversión fantástica (rara vez se puede decir que una inversión es fantástica en el momento de entrar en ella, sino al salir y realizar el consiguiente cálculo financiero para ver la rentabilidad neta). Y nosotros, ¿qué hacemos? ¡Vamos para allá como corderos! ¿Por qué vamos así? Porque pensamos que vamos a hacer la inversión de nuestra vida. ¿Sabéis lo que os digo?

—¿Qué?

—No seamos ilusos y a ver si crecemos un poco: o aprendemos o seremos pobres toda la vida, en dinero, en tiempo y en conocimiento. Recordadme que os cuente luego algo referente a un eslogan que dice así: «Los bancos te necesitan».

—Lo anoto, no se me olvidará —dijo Andréu.

—La supuesta gran inversión que nos quiere ofrecer nuestro «amigo» el del banco (con amigos así para qué queremos enemigos) es un fondo de inversión (que al director le han «conminado» que venda con ahínco si quiere conseguir los objetivos variables del mes o del año) que nos garantiza, por ejemplo, el capital a cinco años y el 70 por 100 de la posible variación de no sé qué cesta de índices bursátiles. Sin darte cuenta y con solo escuchar la palabra «garantía» ya estoy en el bote, sin saber de nuevo que ya vuelvo a empezar perdiendo. Si tuviese un poco de conocimiento, que es por lo que siempre abogo, estas situaciones no ocurrirían nunca en mi vida, con el consiguiente ahorro de tiempo y dinero que trae aparejado.

—¿Por qué dices que pierdo?

—Javier, tu turno.

—Si permanecemos cinco años para tener garantizada la inversión pagaremos el 2 por 100 sobre saldos medios de comisión de gestión, más o menos, y además estaremos perdiendo la inflación (supongamos el 4 por 100 actual) por los cinco años; resultado: 2 por 100 multiplicado por cinco años, más cinco años multiplicado por el 4 por 100 de inflación, hace un total del 30 por 100, es decir, en el momento de entrar en la inversión ya estamos perdiendo un tercio de ella. Repito para que se meta en la cabeza de algunos: con un poco de conocimiento ahorraríamos mucho tiempo y dinero.

—Por mí puedes repetirlo todo lo que quieras.

—¿Por qué mucha gente dice que invierte cuando realmente especula en acciones?

—Explíquese usted, señor Santa Rita —ordenó Carmen.

—Andréu, ¿cuál crees que es la intención primera cuando alguien entra a operar en acciones?

—Comprar a un precio para intentar vender con beneficio en el menor tiempo posible.

—¡Bravo! Pero, en contra de lo que pueda parecer, os voy a decir lo que pasa la mayoría de las veces.

—A ver.

—¿Por qué después de un año alcista todos los incultos van a la Bolsa y cuando es bajista todos se marchan, si hay que hacer precisamente lo contrario? Fundamentalmente por incultura: a la Bolsa hay que entrar cuando los mercados están cayendo, a punto de llegar al infierno, no justo cuando comienzan a caer. Bueno, realmente en la Bolsa hay que estar siempre, pero siempre que se sepa con claridad cómo funciona. El ser humano odia la incertidumbre (solo entra al mercado cuando ve las cosas claras y, sobre todo, cuando confirma su acción porque todo el mundo lo está haciendo. Precisamente ese es el momento menos claro y adecuado para entrar en ningún sitio; es, sin duda, el momento más peligroso) y es avaricioso (como oye que su vecino «dice» que está ganando en acciones, él no quiere ser menos). Los años de mercados alcistas, como el 2007 en España, sin conocer bien cómo funciona el juego (por ejemplo, sin conocer las respuestas a las cuatro preguntas que hemos citado de obligado cumplimiento para operar en Bolsa), constituye el mercado más peligroso para entrar para los novatos, una auténtica trampa.

—¿Por qué solo pensamos en el mercado español cuando pensamos en acciones?

—Sinceramente, no lo entiendo, ¿imaginas ir a comprar un coche y solo creer que tienes la opción de comprar una marca española?

—No es lo mismo.

—Sí es lo mismo. Si preguntas a alguien en España por qué invierte la mayoría en acciones españolas te dirán que es porque conocen las empresas. ¡Hay pocas tonterías más grandes que esa! Lo mismo que con el coche, si decides entrar en el mundo de las acciones tienes que saber qué opciones existen en los diferentes mercados y con qué entidad trabajar para acceder a él. Ya os he comentado hace un rato que en Estados Unidos, por ejemplo, nos podemos poner cortos (vender primero para comprar después) con rapidez y eficiencia, cosa que en España no ocurre. ¿Acaso no hay más mundo que nuestro terruño? ¡No seamos cafres! Si queremos realizar inversiones en acciones tenemos la obligación de ir a un mercado eficiente. No os prohíbo que operéis en España, ya que yo mismo lo hago, pero no para especular, sino como inversión a largo plazo y en unas circunstancias muy concretas que cuando hablemos de elaborar nuestro plan de pensión privado veremos. El año pasado casi todo el mundo ganó en la Bolsa (en un mercado alcista gana hasta mi abuela) y por ello esas personas se creían magos de las finanzas sin saber que a los buenos operadores se les ve en los mercados bajistas. ¡Momentos realmente peligrosos los mercados alcistas...!

—¿Por qué?

—Porque atraen a mucha gente que realmente no sabe nada del mundo de las acciones, llegan tarde y se suelen quedar pillados en lo más alto de la cotización y luego se desesperan de su mala suerte cuando el precio comienza a caer.

—La historia de mi vida —dijo Andréu.

—Tengo un amigo que compró acciones de una compañía del Ibex 35, allá por el 2000, y desde entonces sus acciones han caído un 50 por 100, y yo le digo que venda y me dice que hasta que no venda no perderá, así que sigue ahí dentro. ¡Qué iluso! Está perdiendo ese 50 por 100 aunque él lo niegue y, además, está perdiendo la oportunidad de conseguir beneficios en otras acciones. Es el típico ejemplo de persona que entra a operar en acciones en la cresta de la ola de las cotizaciones y porque todo el mundo habla de la Bolsa, porque se lo ha dicho el director del banco, un amigo o lo ha oído en el bar de la esquina. Es el típico especulador (intenta conseguir un beneficio rápido, movido por la avaricia y no por el conocimiento) que se convierte en inversor a largo plazo en cuanto ve que sus acciones, desde que él las compra, comienzan a caer (rasgo inequívoco de incultura y estupidez financiera).

—¡Qué duro eres!

—En absoluto. En la vida las cosas son como son. Si no aprendemos, cada vez que entremos en un mercado nos van a dar en los morros y no estaremos preparados para conseguir nuestro objetivo, ¿no es verdad?

—Cierto.

—Y queremos conseguir nuestro objetivo, ¿verdad?

—Sí.

—Entonces no soy nada duro; os estoy haciendo un favor mostrando la realidad.

—Adelante.

—Mi amigo también me habla de los dividendos para justificar lo injustificable: «Es una gran empresa y cada año reparte dividendos». ¡Señores, los dividendos son casi siempre pírricos y se reparten según el libre albedrío de la persona que dirige la empresa! En ningún caso tenemos que fijarnos en el nombre de la empresa (estoy hablando de acciones que no sean «chicharros»): queremos comprar para vender más caro, y punto.

—También podemos vender para comprar más barato, ¿no? —preguntó Javier, sintiéndose en superioridad de conocimientos respecto a su amigo el incrédulo.

—No seas malo, Javier; ya llegaremos a eso.

—¿Estáis hablando en clave? —preguntó Andréu.

—Tranquilo, ya llegaremos.

—Bien.

—Sigue —dijo Carmen.

—Un verdadero especulador tiene que controlar sus acciones y no esperar a ver qué decide otra persona (repartir dividendos) para tomar decisiones con respecto a su dinero. Mi amigo, y todo aquel que haga lo mismo, es un inculto financiero de los pies a la cabeza. No lo olvidéis nunca.

—Con esta manera de explicar, difícil de olvidar.

—Otra frase para recordar: «Los novatos cortan los beneficios y dejan correr las pérdidas, y los profesionales cortan las pérdidas y dejan correr los beneficios». ¡Hagan ustedes lo mismo y sin excusas, por favor! ¡Déjense de tonterías!: cuando alguien entra en la Bolsa comprando una determinada acción lo hace, como muy bien ha indicado Andréu, con la intención de conseguir el mayor beneficio en el menor tiempo posible. ¡Ah!, y otra cosita: donde está el beneficio de las acciones es en la especulación (aunque esta palabra tenga mala fama entre la gente, tengo que decirles que sin ella no se movería la economía y peligrarían muchos puestos de trabajo: es necesaria, es el aire de la economía) y no en los dividendos.

—¿Cuáles son los aspectos de imprescindible conocimiento para entrar en el mercado de acciones (en cualquier lugar del mundo, ya que no solo existe España)? —preguntó Carmen de su propia cosecha.

—Escuchad con atención y pensad en las respuestas a las siguientes preguntas, porque nos ayudará, más tarde, a la hora de elaborar nuestro plan de pensión privado. Primera: ¿sabes que el precio de una acción nada tiene que ver con el valor de la empresa, si tiene beneficios o no y ni siquiera con la marcha de la economía? Segunda: ¿Sabes que se puede ganar cuando las acciones caen? Tercera: ¿Sabes cómo se puede no perder invirtiendo en acciones? Cuarta: ¿Sabes que en España en la inversión en acciones no existe el *stop* de protección mecánico?

—Me acabo de quedar paralizado, pero ya me lo puedes explicar, porque esto sí que no me lo creo —dijo el incrédulo.

—A ver con la primera: ¿sabéis que el precio de una acción nada tiene que ver con el valor de una empresa ni con sus beneficios?

—Veamos cómo sales de esta.

—Es muy sencillo: veamos, por ejemplo, este gráfico —dijo Roberto, mostrando un gráfico que tenía impreso—. Es de uno de los bancos más importantes de nuestro país. Veis que el precio sube y baja en el tiempo. ¿No creéis que el precio de este banco, teniendo en cuenta que sus beneficios crecen cada año de manera escandalosa, y si la cotización reflejase la marcha de la empresa, no tendría que caer jamás?

—Efectivamente.

—Pues no, la Bolsa no funciona así; y repito, porque podría poner muchos ejemplos: olvidaos de las «leyendas urbanas» si queréis llegar al objetivo.

—Volvamos con el gráfico del banco. Observad que el precio en junio de 1998 es el mismo que el de idéntico mes del 2003.

—Lo veo.

—Supongamos que hubiésemos comprado acciones por valor de un millón de pesetas en julio de 1998 y las hubiésemos mantenido hasta julio de 2003; tendríamos el mismo millón, ¿no es así?

—Tendríamos menos por el efecto de la inflación en esos años, es decir, habríamos perdido poder adquisitivo —dijo Andréu.

—Efectivamente. Y, ¿creéis que ese banco ha ganado dinero en esos cinco años en que sus acciones tenían el mismo precio?

—¡Se han forrado!

—Entonces, si las acciones tuviesen relación con la marcha de la empresa y sus beneficios, la cotización tendría que haber subido sin cesar, ¿no es así?

—Sí.

—Pues no; las cosas no funcionan así, y cuanto antes lo aprendamos, mejor. No tiene nada que ver el precio de las acciones ni con la economía, ni con los beneficios de la empresa, ni con su valoración —sentenció Roberto.

—Vamos con la segunda pregunta: ¿sabéis que se puede ganar cuando las acciones bajan? —preguntó Carmen.

—En mercados desarrollados como el de Estados Unidos se puede hacer de manera automática, como luego veremos cuando expliquemos los futuros; pero en España es muy engorroso y caro. A pesar de todo, es una mecánica que todas las personas que operan en acciones tendrían que conocer y probar, mas la mayoría de los que operan en acciones, algunos ni la conocen, y de los que la conocen, no la utilizan.

—¿Cómo es el mecanismo?

—Básicamente: como sabemos, ponerse «corto» (porque pensamos que el mercado va a caer y queremos obtener beneficio en esa caída) es vender primero para comprar después; en acciones y de manera simple funciona así; pido prestadas las acciones que quiero vender y cuando las tengo las vendo al precio del mercado, por ejemplo, a treinta euros la acción. Supongamos que el mercado baja a veinte y decido hacer beneficio: como he vendido acciones ahora y para salir del mercado tendré que comprarlas, en este caso a veinte (habré ganado diez euros por cada acción). Una vez las tenga en mi poder se las tendré que devolver a la persona que me las prestó. Esta operativa en España es cara (porque tenemos que pagar un coste al prestamista) y muy engorrosa.

—Sinceramente, creo que en España nunca se va a poder operar «corto» con eficiencia, y además lo hacen aposta.

—¿Por qué?

—¿Quieres mi opinión?

—Claro.

—Porque las entidades todavía tienen mucha leche que ordeñar en forma de comisiones de las acciones, fondos de inversión y planes de pensiones, y sobre todo porque cuanto más tiempo se tarde en poner un arma tan poderosa como es el ponerse «corto» en manos de la gente, mejor que mejor. Tengo que decir que la máxima responsabilidad de este tema es de las personas de a pie que no se informan sobre las posibilidades que existen en el mundo financiero.

—Claro como el agua.

—¿Cómo se puede no perder invirtiendo en acciones? —preguntó Javier, formulando la pregunta número tres con respecto al mundo de las acciones.

—Si os parece, esta cuestión la dejamos pendiente para cuando tratemos el tema de los futuros, donde tocaremos aspectos de vital importancia que nos contestarán sobradamente a esta pregunta.

—De acuerdo, vayamos entonces a por la cuarta: ¿Sabéis que en España y en acciones no existen los *stop* de protección mecánicos? —preguntó Andréu.

—Lo siento, señor Malfiat, le tengo que decir lo mismo que en la pregunta número tres: esperemos al tema de los futuros para ver mejor la diferencia.

—Este estado de ansiedad, ¿lo creas a conciencia? —preguntó el incrédulo burlonamente.

—No, hombre, no. Simplemente creo que es lo mejor para que no nos liemos antes de tiempo.

—No le creas nada de nada —dijo Carmen.

—Me voy a volver loco —dijo Andréu.

—¡Hacen una pareja perfecta! —sentenció Javier.

—Desde luego, nadie podrá decir que no saben lo que se traen entre manos —murmuró el incrédulo.

—Otra pregunta: ¿por qué cuando gano mi primer dinero en lo primero que pienso es en comprarme una casa sin hacer el mínimo cálculo financiero?

—Eso digo yo.

—Una de las razones fundamentales es por las «enseñanzas» recibidas. Algunos padres martillean a sus hijos: estudia, consigue trabajo (si es de funcionario, mejor) y cómprate un piso.

—Como la vida misma.

—Lo veremos más adelante, cuando hablemos de la inversión inmobiliaria con mayor detenimiento; pero quiero decirte, cosa que Javier conoce de sobra, que antes de realizar una inversión en vivienda tendríamos que realizar un cálculo financiero para ver si nos merece la pena desde ese punto de vista. ¡Ah!, y otra cosa: a ver si nos quitamos de la cabeza esa idea sobre que el «ladrillo» es la mejor inversión que existe.

—No te adelantes —dijo Carmen.

—Tienes razón, cariño. ¡Qué haría sin ti!

—Este tema me interesa —se aventuró Andréu—, y estoy dispuesto a esperar. Tengo dos amigos de Barcelona que viven de las rentas inmobiliarias (además, son también asiduos al foro sobre inversiones que frecuento y que, si cabe, te critican más que yo), tema sobre el que quiero hacerte unas consultas.

—Estaré encantado de contestarlas.

—¿Se te ocurre algo más?

—Por supuesto. ¿Por qué el latino, y español especialmente, quiere poseer cosas y que además esté todo a su nombre? Hay otras posibilidades jurídicas mejores para la salvaguarda del patrimonio que mantener todo a mi nombre.

—¿Cuál es la verdadera razón para ingresar dinero en un plan de pensión? —preguntó Javier.

—No hay ninguna razón inteligente que se me ocurra en estos momentos. Simplemente, si queremos conseguir el objetivo hay que desecharla por completo.

—Entonces, con este panorama, ¿en qué invertimos? —preguntó Andréu.

—Lo veremos con amplitud cuando hablemos de futuros y de cómo fabricar nuestro Plan de Pensión Privado.

—¿Qué me dices de los *warrants,* el «ladrillo», las opciones, el oro, los sellos, árboles, energía solar, eólica y otras? ¿No nos interesan para conseguir nuestro objetivo?

—De los que has mencionado, y para conseguir el objetivo en un tiempo razonable, ninguno me interesa lo más mínimo, aunque alguno de ellos tocaremos hoy.

—De acuerdo, te haré caso de momento —dijo Andréu precavido.

—En la vida ser ignorante es arriesgado, y en el mundo de las inversiones el precio que se paga es muy alto. No lo paguemos. Intentaré explicarte cómo protegerte de los productos financieros que nos ofrecen algunos desalmados, por lo menos cómo lo hice y hago yo.

—Yo pensaba que las entidades financieras se dedicaban a velar por mi patrimonio —repitió Andréu por enésima vez con aire derrotado.

—Cuando te engañan una vez, la responsabilidad es del que te engaña. Cuando te engañan dos la responsabilidad es tuya —sentenció Roberto—. Así que no te dejes engañar.

—Sigue, Andréu —ordenó Carmen.

—¿Por qué todo el mundo tiene que invertir para ganar dinero? ¿No se puede sencillamente guardar dinero, ahorrar para no gastar? —preguntó el incrédulo.

—Ahorrar para no gastar es como tener el dinero en el calcetín, es decir, perder poder adquisitivo cada año; es más, realmente el dinero se te escapa por dos sitios: por una parte, la pérdida de poder adquisitivo, y por otra, lo que dejas de ganar por tenerlo parado. Porque la clave está en…

—¿Dónde está la clave?

—La clave está en… ¡MUEVE TU DINERO! —exclamó exageradamente Roberto Santa Rita.

—Bien, ¿qué debo tener en cuenta? —preguntó obediente Andréu.

—Vamos a centrarnos en lo que os he dicho.

—¿Has pensado alguna vez en qué ocurriría si tu filosofía se convirtiese en un movimiento en toda regla y mucha gente comenzase a intentar lo que postulas?

—Sinceramente, nunca me lo he planteado por lo siguiente: hay gente que es vaga y no lo intentará nunca, otros no tendrán tiempo, otros pensarán que no es más que una cantidad de estupideces, y otros, por miedo al fracaso, ni se acercarán. Solo los que deseen el objetivo con fuerza iniciarán el camino, y esos, tristemente, seréis pocos.

—Muchas gracias por tu confianza —dijo Andréu, realmente agradecido.

—Así que no se preocupe, señor Malfiat, tenemos mucho campo y nadie nos estorbará. Si decide hacerlo, créame, ganará el dinero que se marque y que suponga la independencia financiera (5.000 euros en su caso), y más que en la actualidad y en menos tiempo se ahorrará una cantidad increíble de inexplicables comisiones, tendrá más tiempo para lo que quiera y vivirá en paz consigo mismo.

—¿Qué debo tener en cuenta a partir de ahora?

—Para resumir, solamente un pequeño adelanto: tendremos que usar cuatro tipos de productos: cuenta corriente, futuros, acciones y renta fija a largo plazo (con buena calificación).

—¿Solo con esto vamos a llegar al GRAN CAPITAL?

—Sí, señor Malfiat. Y, de momento, ¡hasta ahí puedo leer! —concluyó, imitando a una famosa presentadora de un viejo concurso televisivo.

9
¿ESTÁN PROTEGIDAS MIS INVERSIONES?

¿Qué riesgo tienen mis inversiones? ¿Están protegidas? —era la sexta pregunta de la lista que Andréu había traído de casa y que Carmen leyó literalmente.

—¡Por supuesto que no! —contestó Roberto. Si estuviesen protegidas no existiría riesgo, y sin riesgo no existe la posibilidad de alta rentabilidad, con lo cual estamos en un callejón sin salida, ya que sin una importante rentabilidad no conseguiremos el objetivo o tardaríamos una eternidad.

—¡Buf, qué tensión!

—Yo preguntaría: ¿De qué y para qué tienen que estar protegidas?

—Bueno, para no perder.

—¡Craso error!

—No doy una —dijo Andréu, mirando a Javier.

—Como yo en su día —añadió Javier.

—Por eso precisamente no has conseguido el objetivo.

—¿Por qué exactamente? —preguntó el incrédulo.

—Porque sigues la senda de la mayoría, haces lo mismo que todo el mundo, las acciones que los creadores del juego esperan que hagas. Debes aprender a olvidar los hábitos aprendidos y asumir los nuevos. Si no lo haces, es inútil, no serás jamás rico en tiempo y dinero.

—¡Vamos a por ello! —exclamó Carmen con intención de animar el cotarro.

—¿Por qué le preocupa tanto a la gente el tema del riesgo? En primer lugar, hay mecanismos para controlar las pérdidas, que ya es mucho; pero si queremos ganar dinero, tendremos que asumir riesgos. Cuanto antes asumamos que la vida es un constante cambio y que el mundo de las inversiones tiene su riesgo, mejor. Además, hagamos un pequeño análisis: ¿Quién es el personaje realmente arriesgado? ¿El que invierte en acciones y futuros sabiendo cómo funciona el mercado? ¡Por supuesto que no! El «personaje» realmente arriesgado es aquel que invierte en acciones de poca capitalización y que se mueven mucho y muy rápido, con bajo capital flotante («chicharros»), y que sin saberlo está a merced de los grandes accionistas de ese valor (tenemos unos cuantos casos de empresas inmobiliarias que por diversos motivos, fusión a última hora o escaso capital flotante, han caído estrepitosamente). Es decir, y en resumen: el arriesgado es aquel que, sin saber, entra en un mercado desconocido movido por la avaricia.

—La mayoría —sentenció Carmen.

—¿Tienen las empresas la culpa del caso que acabo de comentar, o la tienen los inversores que se han dejado llevar por el consejo de algún amigo o «gurú» de esos que proliferan en los medios de comunicación, y han comprado valores estrechos al ver que subían como la espuma sin conocimiento alguno de cómo funciona el movimiento de ese tipo de empresas? —preguntó Roberto.

—Un poco los dos, ¿no?

—Negativo. Si supiesen cómo funcionan nunca estarían en esos valores y se fijarían en otros más líquidos y en mercados difícilmente manipulables.

—Entendido casi todo menos: ¿qué es capital flotante?

—Es el dinero que está en manos del pequeño inversor.

—Explícalo mejor, Roberto, haz el favor —le invitó Carmen.

—De acuerdo. Por ejemplo: las personas que dirigen una determinada empresa que cotiza en Bolsa saben cuántas acciones están en manos de fondos de inversión, planes de pensiones, algún inversor individual importante, el consejo de administración de la compañía y cuántas en manos del gran público. Es decir, que más o menos saben quién tiene acciones y cuántas tiene cada persona o grupo. Si hay poco porcentaje en manos del público, mal tema, ya que es fácilmente manipulable. Al porcentaje que está en manos del gran público se le llama habitualmente capital flotante.

—Aclarado, señor Santa Rita —dijo Andréu.

—Lo mismo ocurre con empresas que tienen pocas acciones en el mercado porque la mayoría están en manos de su propietario, como ha ocurrido hace poco con una famosa constructora que tuvo una rentabilidad récord en 2007 y ha caído en picado precisamente porque no hay las debidas acciones en el mercado. El inversor de a pie que las tiene compradas ve que su precio sube como la espuma y tiene una falsa sensación de seguridad y de riqueza, porque de la misma manera que han subido van a caer, dejándote pillado casi con toda seguridad. Hay que huir de ese tipo de acciones como de la peste, porque lo más probable es que cuando leas en el periódico que han subido de manera importante y vayas a venderlas, ya no puedas hacerlo y te quedes colgado, compuesto y sin novia.

—Cierto. Me ha pasado en esa inmobiliaria a la que creo te estás refiriendo —dijo Javier.

—Una de las condiciones más importantes que tiene que tener cualquier mercado financiero que se precie para que decidamos operar en él, aunque lo veremos de nuevo cuando tratemos el tema de los futuros, es que tiene que ofrecernos la siguiente posibilidad: cada vez que queramos comprar, nos vendan, y cada vez que queramos vender, nos compren. Es de una importancia capital y a esto le llamo yo liquidez absoluta.

—Y eso, ¿dónde ocurre?

—En los mercados con mucho volumen y liquidez.

—El futuro del Ibex 35, ¿sería uno de ellos?

—¡Ni hablar! Es un futuro con poco volumen y con muchos agujeros en su cotización, lo que me hace ponerlo permanentemente bajo sospecha. ¿El futuro del Ibex 35? ¡Ni tocar!

—Queda claro.

—¿Qué hacemos entonces? —preguntó Javier.

—Vayamos al mercado que decidamos, pero, por favor, que tenga volumen y liquidez, lo que hará que no sea manipulable.

—Visto. ¿Alguna cosa más?

—Sí. El mundo no se acaba en los Pirineos; el resto del mundo también existe y está financieramente más desarrollado que España. ¡Aprovechémoslo!

—Y si no dominamos el inglés...

—Hoy día para operar en los mercados internacionales no hace falta saber inglés.

—¿Qué debo tener en cuenta a partir de ahora? —preguntó un obediente Andréu, dando por supuesto que el tema estaba finiquitado.

—Que no hay ninguna inversión segura, líquida y rentable. Si queremos conseguir rentabilidades importantes, tendremos que asumir riesgos y/o perder liquidez, y para ello tendremos que hacer inversiones diferentes a la mayoría. Es inevitable. Si mi dinero está seguro, entiéndase sin asumir riesgos, durante el camino, no conseguiré llegar donde quiero. Ya tendrás tiempo, cuando llegues al GRAN CAPITAL, de optar por soluciones seguras para percibir esa cantidad mensual que has marcado antes, 5.000 euros mensuales, si no recuerdo mal.

—¿Algo más?

—Sí; me vienen a la mente unas frases que me marcaron la primera vez que las leí. Salieron de los labios, como no podía ser de otro modo, del auténtico maestro: André Kostolany: «Quien tiene mucho dinero puede especular; quien tiene poco dinero no debe especular, y quien no tiene dinero tiene que especular».

—Menuda joya el señor Kostolany.

—Te aconsejo que leas sus libros: son auténticos tratados de sabiduría financiera y una magnífica enseñanza para las personas que quieran recorrer el camino.

—Sigue.

—Así que no esperemos que nuestras inversiones estén seguras, ya que si lo están demasiado estaremos alejándonos de nuestro objetivo. Además, ¿dónde está el riesgo, en el inversor o en la inversión? —preguntó Javier, haciendo gala de los conocimientos adquiridos en el primer encuentro en aquella misma casa.

—¿Puedes contestarle? —preguntó Roberto, mirando directamente al incrédulo.

—En el inversor, que es quien decide dónde, cuándo y cómo invertir.

—¡Sí, señor! —exclamó eufórico Roberto Santa Rita.

10
¿POR QUÉ LOS INCULTOS SON AVARICIOSOS Y ENVIDIOSOS?

Esta pregunta no está entre las que ha traído Andréu, pero a Roberto le encanta —dijo Carmen.

—Hay mucha gente que malgasta su vida viviendo la de otro —sentenció Roberto.

—¿Qué quieres decir?

—Este tipo de personas están continuamente fijándose en cuánto gana fulano en vez de preocuparse de cómo hacer para ganar ellos lo que consideran que merecen. Son ese tipo de personas que se preocupan más de criticar, sin ningún tipo de argumento razonable, a una persona a la que no conocen de nada que ha conseguido su objetivo y que se ha decidido a enseñar a otras personas lo que sabe, en vez de buscar ellos su camino. Son unos indigentes intelectuales que difícilmente llegarán a su objetivo. ¡Dejad de criticar al prójimo, fijaos en los que son mejores que vosotros y aprended! —gritó, mirando al techo y con los brazos abiertos en cruz.

—*Touché!* —dijo Andréu, entendiendo claramente la referencia que había hecho a su persona y a los compañeros del foro de inversiones que frecuentaba.

—Os voy a contar una historia que servirá como ejemplo. Hace poco estuve con una persona a la que propuse participar en una idea que se me había ocurrido y le ofrecí el 20 por 100 de los beneficios que generase el proyecto. ¿Sabéis cuál fue su reacción a mi propuesta?

—Ni idea.

—«Y tú, ¿cuánto te llevas?», es lo primero que se le ocurrió preguntarme. En vez de negociar conmigo el porcentaje que le estaba ofreciendo, estaba pensando en una menudencia como cuánto me iba a llevar yo. Patético, pero muy común hoy día. Es la forma de pensar de mucha gente ahí fuera. Por favor, centraos en vuestro objetivo y seguir vuestro plan, no seáis envidiosos ni os preocupéis por lo que hacen los demás: desperdiciaréis una energía muy valiosa que necesitaréis para vuestro cometido.

—Sin problemas —dijo Javier.

—Evidentemente, ese tipo de personas no me sirven y, como es obvio, en cuanto abrió la boca estaba fuera del negocio; pero lo importante, la moraleja de esta breve historia, es que hay que aprender para ser como queremos y dejar de «vivir» la vida de los demás, centrándonos en mejorar la nuestra. Céntrate en la tuya y no esperes que nadie te diga cómo lo tienes que hacer, fundamentalmente porque saben menos de lo que tú puedes llegar a saber si te esfuerzas un poco. Adopta una forma de ser hambrienta, bohemia, alocada; no creas en nada hasta que lo pruebes. ¡Sé todos estos adjetivos para adquirir conocimiento, dinero, amor, tiempo! Esas características son las que han hecho que el ser humano y la sociedad hayan evolucionado y no estemos anclados en la Edad Media.

—Me lo estoy pasando en grande —dijo Javier Martos.

—Yo también —añadió el incrédulo.

—Cuando has llegado aquí lo primero que has planteado era la duda de por qué enseñaba algo que funcionaba.

—Cierto.

—Imagino que te habrás dado cuenta de que es una tontería estar preocupándose de lo que hago yo, ¿verdad?

—Sí; de lo que realmente me tengo que preocupar es de sacar lo mejor de ti, de tus conocimientos y experiencia: probarlo y, si funciona, adoptarlo. Si no crees en algo, no lo hagas, pero no pierdas el tiempo en criticarlo; y si quieres probarlo, adelante.

—No tantas críticas gratuitas y sin fundamento. Lo comentaré en el foro —dijo Andréu.

—¡Joder, Andréu!, esta sí que es buena. Me has sorprendido con tu análisis y sobre todo mentando el tema del foro.

—Al César lo que es del César.

—Además, si te fijas, ellos también enseñan, en otro ámbito, pero transmiten conocimiento a fin de cuentas, ¿no?

—Sí.

—¿Por qué critican sin conocerme si ellos hacen lo mismo? Precisamente por la pregunta del inicio sobre la envidia e incultura.

—Tienes razón —dijo Andréu.

El incrédulo frecuentaba un foro de Internet donde se hablaba fundamentalmente de aspectos relacionados con las inversiones.

En dicho foro había opiniones sobre lo que había hecho Roberto en el último año (enseñar).

Ninguno de los que criticaban conocían de nada a Roberto; es más, ni siquiera conocían su historia. Como siempre: hablar por hablar.

Al darse cuenta de que había estado participando en una serie de juicios de valor sin tener ningún fundamento para opinar sobre una persona a la que no había conocido de nada hasta el día de hoy, sintió una vergüenza interna de proporciones inconmensurables.

—Si te parece, sigamos con lo nuestro y dejemos el tema del foro. No voy a perder ni un minuto de mi tiempo en ese tipo de personas.

—Gracias, maestro —dijo por primera vez Andréu en clara demostración del respeto que comenzaba a profesar a la persona de Roberto Santa Rita.

—No empieces como Javier con lo de «maestro», que vais a conseguir que me ponga como un tomate.

—Cambiemos de tercio —dijo Carmen, que sin duda era la que llevaba la batuta de la reunión.

—Pues cambiemos —dijo Andréu resignado, dándose cuenta de que en aquella casa había un ritmo claro a seguir.

—Cuando a una persona le dices que es fácilmente manipulable, te dicen que no, que a ellos es imposible que les manipulen. A la mayoría de la gente le encanta que la dirijan, y más cuando entra a formar parte de la masa, que es casi siempre. Los individuos cuando entran a formar parte de la masa son fácilmente manipulables, aunque no lo crean, y en el mundo de las inversiones, mucho más: la masa es seguidora de los «gurús» que aparecen en la radio hablando de inversiones (si alguien se tira por la ventana, yo también), odia la incertidumbre, ama la aparente comodidad y, además, es excesivamente crédula: acude a una entidad financiera pensando que van a pedir un favor cuando es completamente al revés. ¡A nosotros, no! No nos va a manipular nadie porque vamos a ir por otro camino, pero tenemos que estar preparados para hacer cosas diferentes en todos los ámbitos de la vida.

—¿Algún ejemplo?

—Yo qué sé: no ir al cine cuando todo el mundo va (podremos hacerlo gracias a nuestro nuevo horario); no ir a la compra los sábados por las mañana a esos horrendos grandes almacenes; no comprar nunca nada que nos vengan a ofrecer, sino solo aquello que vayamos a buscar; aprender a cocinar e ir menos a restaurantes...

—¡Ja, ja, ja! —estalló Carmen en una sonora carcajada.

—¿Qué te pasa? —preguntó Roberto.

—A Roberto le encanta cocinar y cada vez cenamos más en casa porque casi nunca está satisfecho en un restaurante —explicó Carmen.

—Es cierto. Cada vez me cuesta más encontrar lugares donde cene mejor que en mi casa.

—Antes de conocer a Roberto tenía muchas ideas respecto al mundo de las inversiones, pensaba como la mayoría, pero ahora reconozco que su fórmula y su manera de aplicar su filosofía a la vida real es, sin duda, más lógica, inteligente y, por supuesto, más rentable —dijo Carmen.

—No tiene nada de malo ser inculto —reanudó Roberto—. Cuesta más serlo que dejar de serlo y es mucho menos beneficioso e interesante. ¿Recordáis el principio de eficiencia y necesidad?

—Sí.

—Es más eficiente ser culto que inculto en temas financieros y, además, es una necesidad si queremos llegar a nuestro objetivo; por lo tanto... ¡Manos a la obra! Mi madre siempre me ha dicho desde que era pequeño que cuesta lo mismo hacer las cosas mal que hacerlas bien. Lo mismo que ahora eres inculto mañana puedes dejar de serlo. Depende de ti, ya que nadie va a venir a hacerte una imposición de manos.

—¡Estoy agotado! —dijo el incrédulo.

—¿Por qué los incultos son tan avariciosos? —lanzó Roberto.

—No sé nada, estoy completamente desorientado.

—Vamos a orientarnos de nuevo —dijo el maestro en tono jocoso—: aquel que piense que existe alguna actividad, incluida los futuros, con lo que se va a hacer millonario de la noche a la mañana y sin esfuerzo es un estúpido integral.

—Pon un ejemplo —dijo Carmen.

—El otro día me llamó una persona preguntándome qué me parecía una empresa que ofrecía una rentabilidad del 25 por 100 mensual para pequeñas cantidades invirtiendo en no sé qué mercado (da absolutamente igual el mercado) y sin riesgo. Le dije que olía muy mal y que seguramente tendría problemas al querer retirar el dinero. Me dijo que llevaba diez meses y que, de momento, no habían fallado (le enviaban todos los meses unos extractos donde «decían» que el capital iba aumentando el citado porcentaje cada mes). Le contesté que lo único que tenía era solo un apunte contable y que seguro que en el momento en que decidiese recuperar sus cantidades tendría suerte si solo le ponían problemas, porque lo más seguro iba a ser que no volviese a ver su dinero. ¡Ah! y todo esto sin haber firmado ningún contrato. A esto se le llama incultura financiera elevada a la enésima potencia.

—¿Alguna otra historia?

—¡Sí, hombre!, tengo otra.

—Vamos con ella.

—Otra persona me llamó por teléfono y me contó la siguiente historia: había recibido una llamada de una empresa financiera de Barcelona ofreciéndole invertir en mercados de futuros de oro y café; la estrategia de venta era muy agresiva y esta persona decidió entrar con 30.000 euros. La empresa cobraba el 15 por 100 una sola vez de cada cantidad aportada, en concepto de asesoramiento: primer punto para desconfiar; en el mundo financiero no hay que pagar a nadie un porcentaje por nada, salvo por los objetivos que consiga. En el momento de acudir a mí tenían en su cuenta solamente 6.000 euros de la inversión inicial. Me pidió que nos reuniésemos y acepté. Cuando estuvimos juntos preparamos un guión y acto seguido le pedí que, por favor, llamase al gestor que le habían asignado, poniendo el altavoz del teléfono móvil para que yo pudiese escuchar y calibrar así qué tipo de lenguaje utilizaba, qué conocimientos tenía, y poder, así, valorar si aquello era una estafa, como aseguraba él, o no. Hizo lo que le dije y mi asesorado mantuvo una conversación «kafkiana» con su gestor, figura que, dicho sea de paso, le habían cambiado tres veces desde que comenzó a realizar las inversiones. Después de escuchar cómo hablaba este «personaje» me quedó claro que no era trigo limpio: había algo que no cuadraba. También le propuse que le tendiese una trampa: que le preguntase qué tendría que hacer si ahora, que tenía tantas pérdidas, decidía cambiar de futuro, en vez de invertir en café y oro como hasta ahora, y lo hacía en el Mini SP 500. La respuesta del tipo de Barcelona fue a todas luces espectacular y tuve que contenerme para ahogar la carcajada.

—¿Qué dijo?

—Que era muy arriesgado y que con los 6.000 euros que quedaban en su cuenta no le iba a ser posible, ya que para invertir en ese futuro como mínimo se necesitaban 40.000 euros y además había que tenerlos pignorados. Aquel comentario fue definitivo: algo olía raro y me dispuse a descubrirlo.

—¿Hiciste de investigador privado?

—Más o menos; pero, ¿sabes por qué lo hice?

—Ni idea.

—Para aumentar mis conocimientos y conocer cómo estaban desarrollando ese «negocio». Mi madre siempre me decía: «El saber no ocupa lugar».

—Cierto.

—Fui a Barcelona; me presenté en las oficinas de la citada empresa diciendo que me habían hablado muy bien de ellos y que deseaba realizar una inversión, pero que antes quería conocer cómo funcionaban. No entiendo cómo se creyeron tamaña patraña con lo que me costó fingir que era tonto de capirote. En fin: tenía que transferir mi dinero, más el 15 por 100 de esa cantidad en concepto de asesoramiento. A partir de ahí ellos me proponían una inversión en los futuros del café y del oro, me enviaban la orden por fax (siempre a mi nombre para no correr el riesgo de que les acusasen de gestionar capitales de terceros), yo la devolvía firmada y ellos la ejecutaban. Salvo el 15 por 100 del asesoramiento y que nadie me ponía una pistola en la cabeza para pagarlo, no veía, de momento, nada anormal. Les dije que me lo pensaría. Al llegar a casa tenía la mosca detrás de la oreja y comencé a investigar en Internet, a ver qué decía la gente que había trabajado con anterioridad con esta empresa: encontré muchísimos comentarios, pero curiosamente había lo mismo positivos que negativos. Estuve un tiempo bloqueado hasta que leí un comentario y se me encendió la bombilla: ya tenía la solución; solo les interesaba el 15 por 100 de las cantidades captadas.

—Y, ¿cómo funcionaban?

—De cada cantidad que recibían, y una vez cobrados sus honorarios, hacían dos bloques: una iba a largos (comprar) y otra a cortos (ventas). Es decir, con la mitad del dinero que tenían se ponían largos y con la otra cortos, con lo que en conjunto ni ganaban ni perdían. El problema, o quizá no tan problema, era a quién de sus clientes le tocaba ganar o perder cada vez. Ahora la brillantez del planteamiento es que estadísticamente no hay muchas de estas personas que pierdan siempre y mientras eso no ocurra el resto permanecerá dentro, incluso haciendo aportaciones nuevas e ingresando el consabido 15 por 100 por cada una de ellas. El esquema era: no siempre ganaban ni perdían los mismos (a ellos les daba igual: del dinero que entraba cada mitad iba escrupulosamente a largos y la otra a cortos); si te tocaba muchas veces en el grupo de ganadores, normalmente aportabas más dinero, y si perdías, cuando llamabas de mala uva a ver qué pasaba, ellos de manera agresiva te decían que tenías que poner más dinero para ver si conseguían recuperar lo perdido (la mayoría de la gente, como la persona que me llamó a mí, aportaba más).

En resumen, que, salvo a los que les tocaba perder muchas veces seguidas, la gente ponía más dinero. ¿Era una estafa? Yo creo que no. Encubrimiento y poca ética profesional, sí; pero engaño, no.

—Y, ¿qué hacemos si nos topamos con algo así?

—Es obvio: no entrar. Pero no te preocupes, ya que con los conocimientos que vas a adquirir es imposible que seas víctima de una empresa así, pues vas a saber hacerlo por ti mismo; nadie gestionará tu dinero.

—Eso es una de los aspectos más interesante de todo esto.

—La verdad es que la idea de la empresa catalana era brillante para ganar dinero; poco ética, pero brillante. A mí, personalmente, no me gusta ganar el dinero de cualquier manera, ya que hacerse millonario engañando a la gente es muy sencillo.

—Muy instructiva la historia —dijo con total sinceridad Andréu.

—Cambiemos de tercio. ¿Por qué un banco te presta dinero para comprar una casa e incluso para endeudarte hasta la estupidez y no para otro tipo de inversión? —preguntó Roberto.

—Porque es una inversión segura y sabe que va a cobrar.

—¡Negativo! Lo hace porque es perfecto conocedor de la incultura financiera de la mayoría de la gente y sabe que, pase lo que pase, ocurrirán dos cosas: primera, las personas hacen lo indecible por pagar la mensualidad de la hipoteca; y segunda, todo el mundo cree (lo tenemos grabado en el código genético) que el «ladrillo» es la mejor inversión.

—Eso dice todo el mundo.

—Yo me pregunto: ¿una buena inversión atendiendo a la rentabilidad, a la liquidez o tal vez al riesgo? Sinceramente, una buena inversión, ¿para quién?

—¿Qué aconsejas?

—Antes de iniciar el camino que me llevó adonde hoy estoy había invertido mucho en el sector inmobiliario, pero ahora tengo muy claro que no me interesa en absoluto el negocio de la compraventa de viviendas, ni para especular ni para alquilar. Me parece muy sucio, o mejor dicho, engorroso. Quiero cosas sencillas, rápidas y limpias; además, cada vez que tengo que acudir a una notaría me salen erupciones cutáneas.

—¡Ja, ja, ja! —rieron todos.

—Ya trataremos el tema del ladrillo un poco más adelante

—Como veo que este tema se acaba, ¿qué debo tener en cuenta a partir de ahora? —preguntó Andréu.

—Hay que dejar de ser inculto, saber cómo funciona cada una de las inversiones donde nos vamos a meter para llegar al objetivo; de lo contrario, nos desplumarán. Nunca criticar sin saber. Vivir nuestra vida y no gastar energías viviendo la de los demás. No ser ostentoso: los avariciosos e incultos suelen serlo y son unos estúpidos, incultos, patéticos y poco inteligentes. ¡Mantente lejos de los que ostentan! No queramos llegar al objetivo ni por el sistema del «pelotazo» ni trabajando toda la vida duramente por cuenta ajena. Usemos nuestro tiempo de modo eficiente. Es nuestra decisión más importante.

11
¡A LA CAZA DEL PEQUEÑO INVERSOR!

¿Cómo crees que cazan las grandes entidades financieras a esos pequeños capitales, treinta euros al mes por ejemplo, que parece que no sirven para nada?

—No tengo ni idea.

—En un momento determinado, las grandes entidades financieras (la idea, como no podía ser de otro modo, nació en Estados Unidos) comenzaron a preguntarse cómo podían captar esos pequeños capitales que andaban por ahí pululando y que no iban a ningún sitio. Son voraces y lo quieren todo. Ya lo dice mi madre: «Un grano no hace granero, pero ayuda al compañero». Algunos bancos americanos comenzaron a crear «marcas» (no voy a dar nombres para no hacer publicidad, pero en España hay varias) que la gente asociase con una gran entidad financiera, aunque con una personalidad jurídica que nada tuviese que ver con el banco.

—¿Todo ello con el único objetivo de captar esas pequeñas cantidades?

—Muchas pequeñas hacen un mucho —aseveró Javier.

—Imagino.

—La idea era sencilla y ha funcionado muy bien, sobre todo gracias a la sencillez del planteamiento multinivel y a la incultura financiera del personal.

—Explique, por favor.

—Captan a gente, normalmente parejas, que tienen a su vez que captar a sus familiares, vecinos y allegados. Estos captan a otros y el crecimiento se produce en progresión geométrica y todo el mundo percibe según lo que capte y el nivel en el que esté. No os podéis ni imaginar las convenciones (no menos de diez mil personas por evento) que organizan para aleccionar a la tropa y para entregar los premios de los mejores vendedores del año.

—Y, ¿cómo consiguen convencer a la gente?

—Es curioso y gracioso: en primer lugar, treinta euros al mes no es una cantidad importante. La exposición que hacen es una especie de mezcla entre plan de pensión y seguro de vida: tienen que aportar una cantidad mensual pequeña y con la argumentación de lo que yo llamo el «timo del 7» no os podéis ni imaginar a la gente que atrae.

—¿En qué consiste?

—Si consigues un tipo de interés del 10 por 100 compuesto durante siete años consecutivos el capital inicial se dobla; ellos venden, con este simple argumento, que para esas cantidades tan pequeñas es muy sencillo y la gente pica como «panchitos». Como no hace falta que os repita que no existe la inversión rentable, líquida y sin riesgo, por lo tanto, alguien que crea que puede obtener durante siete años seguidos una rentabilidad por encima del interés libre de riesgo (letras del Tesoro) sin correr riesgos y con liquidez, es que es un iluso.

—Más claro, imposible —dijo Andréu.

—Y ¿adónde va a parar ese dinero? —preguntó Javier.

—¿Adónde crees tú que va a parar? A los fondos de inversión, naturalmente. Volvemos a lo de siempre: la incultura financiera es grande y el talento mueve el capital.

—¿Por qué siempre el dinero va a parar a los fondos?

—Porque es donde se pueden cobrar mayores comisiones casi sin que se note, a un gran número de gente a la vez y con el menor esfuerzo posible. Todo un ejemplo de brillantez estratégica.

—¿Qué debo tener en cuenta a partir de ahora?

—Aun a fuerza de ser pesado: nadie gestionará tu dinero y menos un fondo de inversión.

12
Especulación inmobiliaria, jóvenes sin piso y «encoñamiento» general

¿Por qué te gusta tan poco la inversión inmobiliaria si está claro que es la mejor? —era la tarjeta número siete de nuestro invitado.

—¿La mejor, para qué? —contestó Roberto con esta pregunta.

—No podrás negar que la vivienda ha sido una buena inversión en los últimos años.

—Depende.

—¿Cómo que depende?

—Que quede claro que voy a hablar de este tipo de inversión desde el punto de vista de una persona que compra una vivienda con la idea de que sea su morada habitual, para alquilarla o para especular con ella.

—Entendido.

—Si tuviese una casa en Madrid con un supuesto valor de 500.000 euros, tendría que observar dos aspectos. Primero: comprobar si ha sido una buena inversión hasta la fecha o no. Para ello tendré que hacer un cálculo financiero exacto actualizando el valor de todas las cantidades pagadas por todos los conceptos desde el momento de la compra hasta la venta. Después de realizar este cálculo conoceré la rentabilidad neta real obtenida y, creedme, cuando lo hacemos, estas suelen ser bastante normalitas, por lo menos para alguien como yo que sabe lo que se puede conseguir por otros medios, de modo más limpio, sin realizar inversiones de tanta cuantía y pagando menos impuestos.

—Siempre que hablas del sector inmobiliario usas las palabras limpio y sucio, ¿por qué?

—Imagino que será el subconsciente. Tradicionalmente suele ser un mundo bastante opaco y quizá sea por ello. No hay más que ver todos los escándalos que existen tras los negocios inmobiliarios. También lo digo porque resulta muy engorrosa de realizar: muchos impuestos, demasiados trámites e intermediarios, demasiada burocracia, demasiado tiempo gastado para comprar y vender, para hablar con gente, para buscar el mejor piso; demasiado tiempo dedicado a una mediocre inversión que paga los impuestos más altos de todas las que hoy día se pueden realizar. Muchos «demasiados» para mi gusto. ¡Pensad en ello!

—Sigue —ordenó Carmen.

—Y en segundo lugar: si tengo esa casa que parece que vale (todo el mundo sabe que es un necio quien confunde valor y precio; el valor no existe: cuando digo que mi casa vale X, hasta que alguien no pague ese precio no vale nada y solo estaré sentado en un montón de ladrillos) 500.000 euros y, al margen de si ha sido buena o mala inversión, la vendo, a no ser que me vaya a vivir a una zona de España mucho más barata y pueda hacer efectivo parte de lo que perciba, me veré abocado a comprar otra vivienda más cara, ya que los precios están como están. Resultado: seguiré sentado encima de un montón de dinero y sin alcanzar la independencia financiera.

—Tenía ganas de comentarte lo siguiente desde hace tiempo y creo que ahora es el momento perfecto —comenzó Andréu—. Tengo dos amigos en Barcelona que tienen varios pisos en propiedad y viven de las rentas de los alquileres. ¿Qué te parece?

—En este caso tenemos dos componentes a tratar. Primero: comprobar cómo ha resultado la inversión, calculando todos los pagos desde el momento de adquisición hasta hoy. Eso solo nos dirá si ha sido buena o mala inversión, porque llegados a este punto tenemos un problema: si no la vendemos no podemos usar ese dinero; por lo tanto, nos da un poco igual. Y segundo: comprobar qué porcentaje supone el alquiler anual que perciben respecto al hipotético valor de la casa. Estando al precio que están los pisos en Barcelona, con toda seguridad, la rentabilidad de los citados alquileres no pasará del 3 o 4 por 100; por consiguiente, nos tendremos que hacer la siguiente pregunta: ¿si vendiese las casas podría obtener mayor rentabilidad por el dinero? ¡Obviamente, sí!, y además pagando menos impuestos, ya que el dinero ganado mediante los alquileres tributa a un tipo superior (todo lo relacionado con el «ladrillo» es lo que más altos impuestos soporta) al que tributaría el dinero de una plusvalía financiera. La inversión de tus amigos no es buena, o mejor dicho, se les está escapando el dinero entre los dedos por tres motivos: están percibiendo una rentabilidad más baja que la inflación, tienen obligación de pagar elevados impuestos por esos ingresos y están perdiendo la oportunidad de realizar otro tipo de inversiones más interesantes. Así que, seguramente, y sin conocer más detalles, mala inversión.

—¡Joder, me desbaratas todo!

—Imagino que ellos solo se fijarán en que cada mes les llueven del cielo no sé cuántos euros y no se han parado a pensar en el esfuerzo que habrá supuesto y, quizá, suponga la adquisición del bien ni tampoco en si la rentabilidad que obtienen es interesante o no respecto al «valor» de los pisos.

Todo ello sin contar el riesgo de impago por parte del inquilino, tema que imagino habrán solucionado solicitando de estos un aval bancario.

—¿Qué harías tú en su lugar?

—Primero, haría que un tasador independiente me diese una valoración sobre todos los bienes. Una vez tuviese ese valor, y en segundo lugar, haría un cálculo exacto de qué porcentaje de rentabilidad supone los alquileres sobre la valoración que me ha realizado el tasador. En tercer lugar, una vez sepa ese dato, me preguntaría si puedo obtener esa misma rentabilidad o mayor con menor coste fiscal, es decir; buscaría la forma de obtener mayor rentabilidad de manera más «limpia», en menos tiempo y pagando menos impuestos. Desde ya te digo que sé cómo hacerlo. Y, por último, vendería los bienes y casi seguro viviría mejor.

—Carmen, ¿este tipo siempre tiene las cosas así de claras? —preguntó Andréu.

—Desde que le conozco, sí, y es una de las cosas que más me atrajo de él.

—Sigue, Roberto —dijo Javier, que se lo estaba pasando incluso mejor que el primer fin de semana.

—No soy quién para enjuiciar, pero te diré algo —dijo Roberto—: esa manera de usar la inversión inmobiliaria es tan válida como otra cualquiera; imagino que con ella se podrá llegar al objetivo, pero, sin duda, de una manera mucho más lenta, con más esfuerzo económico y de tiempo, pagando muchos impuestos (notario, registro, transmisiones patrimoniales o IVA: el rendimiento que obtienes por los alquileres tiene que tributar cada año en renta y cuando vendes la casa vuelves a pagar); en definitiva, una manera «dudosa» y engorrosa de llegar al objetivo.

—Desde luego, a los principios de necesidad y eficiencia... los hace polvo —dijo Andréu.

—¡Muy bueno! —exclamó Roberto.

—Qué me dices de este titular —dijo Javier, entregando un recorte de uno de los periódicos más importantes de la prensa económica española.

Roberto leyó el titular en voz alta: «La riqueza de los hogares españoles supera en cinco veces el volumen de sus deudas».

—¿Qué os parece? —preguntó a la audiencia.

—¡Hombre!, con lo que han subido los pisos, seguramente es cierto —dijo Andréu.

—¡Soberana estupidez! —exclamó Carmen.

—Efectivamente, es una tontería y una demostración más de cómo se pretende tranquilizar a la masa. El ratio de propietarios de viviendas en España es uno de los más grandes del mundo, y el de endeudamiento, como os he dicho antes, es el más alto del mundo.

—Sí, imagino que quienes lo leyesen pensarían que dónde está la riqueza, que no la ven por ningún sitio.

—La argumentación del artículo dice que debido al crecimiento en el precio de los pisos durante los últimos años (recordad que hasta que no nos den el dinero el piso no vale nada) el valor de todos los pisos del país menos la deuda (hipotecas) arroja un saldo positivo, es decir, que todos somos ricos. Y a esto diremos: para obtener esa riqueza, en términos reales, hay que vender la vivienda e irse de alquiler e invertir el remanente para hacerlo crecer, porque de lo contrario si estamos sentados encima del ladrillo no somos ricos ni somos nada. Os diré una cuestión que mucha gente no calcula y, por lo tanto, no tiene en cuenta: el precio de los pisos puede subir y no ser una buena inversión e incluso perder dinero. El titular del periódico no es más que un dato macroeconómico absolutamente irreal, y habrá muchas personas que tengan serios problemas para llegar a fin de mes o que estén a punto de embargarle la casa que se pregunten: ¿dónde coño está la riqueza?

—En esto reconozco que estoy de acuerdo contigo —asintió Andréu.

—El «ladrillo» no es más que una inversión más, ni mejor ni peor.

—Me parece que lo pones todo muy fácil.

—Sí y no.

—¡Explíquese, señor Santa Rita! —exclamó Javier.

—El titular solo tendría sentido siempre que nuestro propietario hiciese una de dos: o se fuese a vivir de alquiler o reinvirtiese parte del dinero en otra ciudad más barata. En todos los demás casos, el titular es un engaño. Es una sencilla manera de transmitir un sentimiento de tranquilidad a la población. ¡Somos ricos! Una riqueza irreal como la de nuestro país, muy peligrosa, basada en el turismo y el «ladrillo». Veo además que el titular es del año pasado, y desde entonces han cambiado un poco las cosas: se ha ralentizado tanto las ventas como las hipotecas concedidas para la adquisición y creo que estamos en una clara recesión en el mundo inmobiliario, de lo que me alegro. Es como debe ser.

—Pues a mí no me viene nada bien —saltó Andréu.

—¡Ya! Lo entiendo; pero el mercado no va a hacer lo que a ti te venga bien, así que espabila y piensa que hay más inversiones al margen de la inmobiliaria. Siempre que me preguntan sobre este tema pienso: ¿será posible que tanta gente no se dé cuenta de que hay otros muchos tipos de inversiones, más interesantes y con menor coste fiscal? No nos centremos tanto en la inversión inmobiliaria, porque no tiene tanta importancia como en España se le da a la hora de conseguir la independencia financiera; es más, casi siempre es un lastre.

—Y, ¿qué hacemos con la vivienda?

—Para mí la vivienda es algo necesario, pero lo más importante es su uso y no su propiedad. Yo ni usé ni uso esa inversión para conseguir el objetivo. ¿Ha quedado suficientemente claro?

—Ya lo creo —se adelantó Javier.

—He vivido en muchas ciudades en los últimos veinte años y cada vez que llego a una hago lo mismo: analizo la situación de precios y estudio cuánto me supondría la compra o el alquiler de un piso de semejantes características, hago la comparativa financiera y tomo la decisión; si merece la pena alquilar, lo hago, y si, por el contrario, la mejor opción es comprar, compraré sin que me tiemble el pulso.

—¡Qué frialdad!

—Si quieres el objetivo tienes que ser frío. Hace tiempo que tiré a la basura ese lastre latino que supone querer ser propietario a toda costa hasta del aire que respiramos en el metro a la redonda de nuestro territorio vital.

—¿Entonces?

—Lo único que defiendo es la posibilidad de adquirir nuestra primera vivienda, la vivienda habitual, pero siempre que al ir a comprarla hayamos realizado el correcto cálculo financiero y sea más rentable que vivir de alquiler en la ciudad en que vayamos a residir. Si no es así, tampoco defiendo la inversión. Venimos desnudos a este mundo y nos iremos de la misma guisa.

—O sea, que en general las viviendas como parte de nuestro plan de inversión tendríamos que desecharlas.

—Sí, señor. Tenemos que verlas, en su caso, como un lugar para vivir y nada más. Prohibiría que alguien pudiese tener más de una, sobre todo cuando hay personas que no tienen donde vivir; pero como no puedo, lo único que os doy es el consejo de no usarla como inversión. Hay jóvenes que no pueden acceder a la adquisición de un piso por el alza injustificada producida porque la gente ha adquirido varios pisos con la idea de especular y encima los mantiene vacíos, y por algunas acciones de las autoridades (los ayuntamientos se financian con un porcentaje de la cesión del suelo, que hace que los pisos suban de manera estúpida). Creo que, salvo en los lugares donde hay escasez de terreno producido por razones naturales y no por situaciones de manipulación del ser humano, no tendría que existir ninguna razón para que las viviendas subiesen más de lo normal y todo el mundo pudiese tener, como dice la Constitución, una vivienda digna. Si nos fijamos, lo que es construir una vivienda no es excesivamente costoso; lo que representa el mayor porcentaje del precio final de la vivienda es la repercusión del suelo, incrementado en la mayoría de los casos, sin razón lógica, por la acción especulativa y basándose en la dejadez y el «encoñamiento» de la gente.

—Estoy desorientado por completo.

—Atiende: ¡Fuera la inversión inmobiliaria que no sea para vivir! Es lo único que os permito. Ya te he dicho antes que tendrás que desprenderte de tu segunda vivienda. Bajo mi punto de vista es una inversión muy costosa para ir, de vez en cuando, a pasar unos días al año.

—¿Qué sugieres en su lugar?

—¡Cómprese una multipropiedad y tendrá, por un precio mucho más barato, una mejor inversión y una casa para ir de veraneo en casi cada lugar del mundo!

—Vale.

—Hay que pensar con la cabeza y no con el culo, y, por supuesto, no hacer lo que hace todo el mundo. Yendo contracorriente se consiguen cosas mejores.

—¿Y si todo el mundo hiciese todas las cosas que propones?

—Recuerda que el ser humano odia la incertidumbre y, por ello, no te preocupes: habrá mucha gente que no se atreverá a hacerlo.

—Cuéntale lo que te decía Pepe Mortera cuando tenías dieciocho años —le dijo Carmen.

—Era todo un personaje del que aprendí mucho y que siempre me decía: «Roberto, tiene que haber tontos en el mundo para que los listos podamos vivir».

—Me estás dejando alucinado.

—Otro concepto —continuó Roberto, que como Bruce Springsteen se retroalimentaba de su público—: hemos venido a este mundo en «pelota» y nos iremos igual. No queramos acaparar bienes por el mero hecho de poseer. ¡Tiremos a la basura ese sentimiento!

—Me huele que estamos a punto de llegar a los «diseños fiscales» —dijo Javier.

—Tienes razón, ahora encajaría perfectamente; pero..., este tema no está en tus tarjetas, por lo tanto, no toca hoy.

—La próxima vez seré más cuidadoso a la hora de elaborarlas.

—Querías saber el cómo, ¿no es así? —dijo Roberto, intentando cambiar de tema.

—Sí, tienes razón.

—Para otra visita —dijo Javier, casi sin poder contener la carcajada.

—Sigamos —ordenó Carmen.

—Y, ¿qué me dices de esa idea tan extendida sobre lo de dejar un piso para mi hijo?

—Típico.

—Con sinceridad: preferiría dejarle una buena educación financiera, que precisamente le haría ir por el camino contrario. Regalarle el piso es darle peces y la educación financiera es enseñarle a pescar. Intentaría educar a mi hijo, desde que tuviese uso de razón, en todos los conceptos que os estoy comentando y, por esta razón, sabría perfectamente que las viviendas, como inversión, son un lastre importante a la hora de conseguir el objetivo; y como sería un tío preparado, desecharía ese tipo de inversión sin vacilar. Cariño, ¿estás de acuerdo conmigo?

—¡Completamente; pero ya vale, Roberto, que para no ser el «ladrillo» un tema importante te estás enrollando como las persianas! —exclamó Carmen.

Todos estallaron en una sonora carcajada, incluido el propio Roberto.

—En España sale un artículo sobre la historia de un personaje (del mundo del ladrillo, como no podía ser de otra manera) —prosiguió Roberto— que se compra el yate y el *jet* más grandes y caros del mundo y la gente alucina en colores: ¡Seremos simples!

—Creo que sé de quién hablas.

—¿Sabéis lo que pienso yo? —preguntó Roberto.

—Alguna barbaridad.

—¡Quién cojones le ha dado la licencia a ese tío para que construya lo que a todo el mundo le hace llevarse las manos a la cabeza! Eso me parece a mí que es lo verdaderamente importante.

—La gente se fija en lo superficial —dijo Carmen.

—¿Por qué en vez de permitirse construir en cualquier lugar y de cualquier manera no se obliga a los constructores a construir con unos mínimos de calidad? El que en un lugar caluroso no construya con aire acondicionado, no hay licencia. El que no construya pisos con plazas de garaje en condiciones, amplias, sin columnas y con trazados razonables, que no haya que hacer dieciocho maniobras cada vez que quieres meter o sacar el coche de tu plaza... no hay licencia. El que no insonorice las viviendas como es debido, no hay licencia. El que no construya con unas calidades mínimas o diferentes a las que destaca en la memoria de calidades, no hay licencia.

—No va a quedar ni el apuntador.

—Hay que conseguir que se construya con lógica, a unos precios razonables y permitiendo que todo el mundo pueda acceder a su primera vivienda, que, bajo mi punto de vista, tendría que ser la única.

—Entonces, ¿por qué compraste este *loft* cuando piensas así de la inversión inmobiliaria?

—Vamos a dejar las cosas claras. He dicho que como primera vivienda es el único caso en el que estaría permitido; y recuerda un aspecto que ya hemos tratado: hacerlo cuando nuestra capacidad de endeudamiento sea razonable; normalmente esta no suele ser buena cuando la mayoría de las personas va a pedir una hipoteca para adquirir su vivienda, aunque ellos lo crean y el banco se las conceda.

—¿Qué dices?

—Lo que oyes. Cuando decidí comprarlo y rehabilitarlo ya tenía una sólida posición financiera y la capacidad de endeudamiento era muy holgada. Además, era uno de mis objetivos previamente definidos: «Cuando llegue al objetivo, tendré un *loft*», me dije el día que los marqué. Y la oportunidad y mi amigo el arquitecto hicieron el resto para convencerme. Tenía derecho a marcar mis objetivos, ¿no? Tú has marcado el tuyo.

—Si no puedes comprarte lo que te apetece, ¿para qué ser rico? —dijo Andréu—. ¿Qué debo tener en cuenta a partir de ahora?

—En primer lugar, y que no hay que olvidar nunca: en la vida todo tiene un precio, incluidas las inversiones (lo único importante en la vida es el precio; olvidemos el valor hasta el cual es financieramente razonable pagar). A partir de ahí es una tontería (ejemplo: un desembolso de un millón de euros por un piso de cien metros en Madrid no es una buena inversión: es una estupidez). Segundo: un tonto y su dinero no permanecen mucho tiempo juntos; sin embargo, a alguien con conocimiento no solo no se le irá el dinero, sino que además le lloverá otro de manera, aparentemente, inexplicable. En tercer y último lugar: la compra de una vivienda como inversión no lo es tanto, y solo estaría permitido adquirir una como residencia habitual; el resto de tu remanente... mejor invertirlo en otro lado.

—Creo que es el momento de parar a comer, antes de comenzar el tema más importante de hoy —dijo Carmen con autoridad.

—¡Me parece fenomenal! —exclamó Javier.

—Os vais a chupar los dedos. Carmen ha preparado salmorejo (nadie lo hace como ella), anchoas maceradas con aceite y limón espolvoreadas con pimienta negra recién molida, y arroz con chorizo (la especialidad de la casa). Todo ello regado con un buen «caldo»: txakolí de Guetaria. ¿Qué os parece?

—Fantástico —dijo Javier.

—¿Siempre se come así en esta casa?

—Siempre.

13
El factor clave: los futuros

Tras la frugal pero exquisita comida que Carmen les había preparado, se dispusieron a «meterle mano» al tema que Javier y Andréu estaban esperando desde que llegaron: los futuros.

—No te creas que se me ha olvidado —comentó Andréu.

—No entiendo.

—¿Cómo se fabrica uno su propio trabajo? —preguntó el incrédulo.

—Veo que tienes buena memoria.

—Estoy ansioso por conocer este tema.

—Aquí se inicia; imagino que no se os ha olvidado la tarjeta fuera de programa.

—No se nos ha olvidado.

—Antes de nada, por favor, estad atentos, y si os perdéis, decídmelo.

—Descuida.

—Empezamos entonces. Hay mucha gente que me dice que cómo va a empezar si no tiene dinero. Primero, hay que decirles que habrá un período de entrenamiento y que ya llegará el momento de pensar en el dinero.

—Lo imaginaba.

—Para iniciarse en este mundo y ganar la cantidad prevista para llegar a los objetivos iniciales no harán falta cantidades desorbitadas. Pero, suponiendo que no se disponga ni siquiera de esa cantidad, a cualquier persona que tenga un bien inmobiliario le fían: en vez de pedir prestado para pasar las Navidades o comprar el último grito de alta fidelidad, podríamos conseguir ese dinero para cosas más interesantes; por ejemplo, intentar cambiar de vida yendo hacia la independencia financiera.

—Es una magnífica idea.

—Pero, para ello, hay que querer.

—No entiendo.

—La mayoría de la gente dice que quiere algo, y son los menos los que no solo lo quieren, sino que además están determinados a ir a por ello, saben que les va a costar, que todo tiene su esfuerzo, su precio, pero que lo quieren con todas sus fuerzas. El que piense y además desee conseguir llegar al objetivo sin esfuerzo no solo no lo merece, sino que además es un indigente intelectual. Como dice mi madre: «El que quiera peces que se moje el culo». Hoy día hay mucha gente que tiene una o varias casas y que, debido a lo que han subido en los últimos años, tiene un patrimonio neto importante y está agobiada por el pago de las hipotecas y todos los gastos en los que se ha metido. Muchas de ellas, agobiadas, podrían perfectamente venderlas y conseguir dos cosas: vivir un poco más desahogadas e iniciar una nueva vida. Cuando consigan hacer esto último y estar en una situación mejor, y nunca antes, ya se comprarán una vivienda en condiciones. ¿No os parece ridículo estar agobiado durante treinta años sin tener capacidad para comprar una casa?

—¡Ya se comprarán otra cuando estén más cómodos! —exclamó Javier.

—Hay otras personas que están pensando comprar una nueva a los estúpidos precios actuales y que no constituyen ninguna inversión ni mediocre siquiera. ¿Por qué no pensar de otro modo y buscar inversiones más inteligentes? En resumen, si tenemos dinero para realizar una inversión de esa envergadura (inmobiliaria), sin duda la de mayor cuantía en la vida de una persona normal, ¿por qué no cambiamos el orden e invertimos primero un poco de tiempo en formarnos para cambiar de actividad y cuando seamos capaces de ingresar, entonces y solo entonces, nos planteamos el comprar la casa que nos dé la gana? A mí me parece lo más razonable; tú, Andréu, haz lo que consideres.

—Es perfectamente lógico; pero, ¿qué te parece si empezamos con los futuros? —propuso la visita ansiosa.

—Aunque no lo creas, lo estoy deseando —dijo Roberto—; pero no nos desviemos: ¿qué pregunta toca ahora?

Carmen leyó la pregunta que Andréu tenía preparada para este tema, pero a Roberto le pareció un tanto escasa de contenido, demasiado general, y como el tema era de importancia y quería que su invitado se fuese de su casa con todos sus objetivos conseguidos, propuso lo siguiente; la pregunta número nueve rezaba así: «¿Cuáles son los pasos concretos que tengo que dar para iniciarme en el mundo de los futuros?».

—No me gusta la pregunta; mejor dicho, se queda un poco corta. Lo vamos a organizar de la siguiente manera, a ver qué os parece.

—Seguro que será una buena propuesta.

—Dividiremos el tema de los futuros en dos partes, cada una de ellas representadas por una pregunta.

—¿Cuáles son las preguntas? —inquirió Andréu ansioso como un niño.

Roberto Santa Rita recitó:

—La pregunta que nos servirá para introducir el tema más importante será: ¿CÓMO FUNCIONAN LOS FUTUROS EN LA PRÁCTICA? La segunda: ¿CÓMO OS ENSEÑARÍA YO SI FUESE VUESTRO PROFESOR PARTICULAR? ¿Qué os parece?

—¡Alucinante! —exclamó el nuevo creyente.

—Como os he dicho, y para ser consecuentes con nuestra filosofía de ir contracorriente, a diferencia de lo que suele ser habitual en la enseñanza; vamos a empezar directamente con la práctica y después vendrá la teoría.

—¡Ahora es cuando vas a empezar a alucinar de verdad! —dijo Javier, dirigiéndose directamente a Andréu.

—Javier, en algunas cosas empezaremos de cero —avisó Roberto—, así que quizá te aburras en algún momento; pero tenemos que iniciar convenientemente a nuestro amigo Andréu en la que posiblemente sea su nueva actividad. ¿De acuerdo?

—Sin problemas; seguro que será una experiencia memorable.

—Adelante, entonces.

—¿Qué son los futuros? Podría dar la definición académica, pero no me da la gana: es un mercado en el que vamos a comprar para intentar vender más caro y vamos a vender para intentar comprar más barato. Todo lo demás me da igual. Aunque para mí lo más importante es que es una filosofía de vida y que sirve para alcanzar la independencia financiera trabajando, tanto en el proceso de entrenamiento como cuando empecemos a operar con dinero, dos horas diarias como mucho, desde cualquier lugar del mundo y haciendo algo realmente apasionante.

—Bastante claro.

—¿Cómo se puede iniciar uno en este mundo? —preguntó Javier.

—Es una pregunta interesante para empezar, a la que iré contestando sobradamente cuando tratemos la segunda pregunta, así que tranquilos.

—¿Qué necesito para empezar? —preguntó Andréu.

—De momento solo necesitarás: una pantalla (donde tendré el precio que podré consultar en cada momento, ya que estará en tiempo real, imprescindible para saber en cada momento a qué precio tengo que comprar o vender), una línea rápida de Internet (ADSL o cable) y que alguien, en este caso yo, os indique el camino para que sepáis claramente qué ruta tenéis que seguir para que perdáis el menor tiempo posible (yo lo hice solo, y si hubiese tenido alguien como maestro que hubiese realizado el camino con anterioridad, me habría ahorrado un tiempo valiosísimo y muchos sufrimientos). Sinceramente, conseguir llegar a operar en futuros, aprendiéndolo uno mismo y sin ayuda, es realmente complicado. No es imposible, pero sin lugar a dudas se tardaría mucho más tiempo y además necesitaríamos estar psicológicamente muy preparados, ya que nos daríamos muchas veces de bruces contra algunos obstáculos muy difíciles de superar en solitario.

—¿Por qué dices una pantalla? ¿Necesitaremos más de una en el futuro?

—Efectivamente. Mientras estemos en el proceso de entrenamiento solo necesitaremos una. Dentro de un tiempo serán dos.

—¿En cuánto tiempo estimas que podemos estar preparados para lanzarnos al ruedo, es decir, a operar con dinero y poder vivir de esto?

—Como ya os he dicho hoy: soy el mejor ejemplo de persona que ha conseguido su objetivo pero no de camino seguido, así que os propondré un camino, diferente al que yo tomé, obviamente, que os llevará entre seis y diez meses.

—¿Tanto?

—¿Te parece mucho?

—Pensaba que en un par de meses lo conseguiría.

—Yo no lo conseguí, tardé casi dos años, y no conozco a nadie que lo haya hecho en menos tiempo. ¿Cuánto dura una licenciatura?

—Cinco años.

—Entonces ocho meses, o un año incluso, para aprender una actividad que puede durarte toda la vida, me parece poquísimo tiempo.

—De acuerdo.

—Estimo que en ese tiempo serás capaz de controlar tu ego.

—¿Mi ego? —preguntó sorprendido Andréu.

—El *psicotrading* —dijo Javier.

—Efectivamente: saber controlar el ego, la avaricia, el miedo, el pánico, la autoestima, la vanidad... mientras se está operando. Esto, sin duda alguna, es lo más importante que existe: MENCIÓN DE LOS SENTIMIENTOS IMPORTANTES *(BOOK)*. Hay tres aspectos importantes a la hora de operar: el sistema de inversión (que en contra de lo que mucha gente cree, y aun siendo importante, no es lo más importante), la gestión monetaria (saber cuánto dinero hay que poner en cada operación) y el *psicotrading* (control de los sentimientos que os acabo de mentar aplicados al *trading).* Lo iremos viendo todo poco a poco.

—Por cierto, ¿en qué nos tenemos que fijar para saber si estamos ante un buen *broker?*

—Como sabemos, para entrar en cualquier mercado financiero necesitamos uno (que no es más que un comisionista y que no tiene por qué tener demasiada idea del mercado). Lo único en lo que nos tenemos que fijar para elegir un *broker* es en que sea capaz de ofrecernos las armas necesarias para conseguir nuestro objetivo y nunca consejos.

—¿Nunca consejos?

—¡Jamás! Un *broker* lo único que quiere es que hagamos el mayor número de operaciones posibles para facturarnos el mayor número de comisiones que pueda. Él lo intentará; si lo consigue, la culpa no es suya, sino nuestra. Y volviendo a tu pregunta: nos tiene que ofrecer unas comisiones bajas, y lo más importante, una plataforma desde la que podamos operar, que sea eficiente, nos permita introducir las órdenes en, como me gusta decir, un nanosegundo y no nos deje colgados. Si alguna de estas dos cosas no funciona bien, lo mejor es que pensemos en otro. Para que te hagas una idea: en España no hay ningún *broker* que cumpla estos dos requisitos básicos.

—¿No hay ninguno en nuestro país que puedas recomendarnos para operar en el mercado americano?

—Absolutamente ninguno: comisiones altísimas (si realizamos gran número de *trades* al año las comisiones pueden lastrar nuestro resultado) y plataformas tercermundistas. Todo ello me hace pensar en dos cosas: una, que estamos muy atrasados en aspectos financieros; y dos; las entidades financieras no tienen ningún interés en desarrollar la posibilidad de dar mejor servicio a aquellas personas que deseen introducirse en el mercado de futuros, porque tienen todavía, al existir tanta incultura financiera en nuestro país, muchas comisiones que obtener de los fondos de inversión, planes de pensiones, etc. Así que mientras seamos bichos raros, mejor: tendremos más oportunidades en la selva.

—Y, ¿qué me dices del futuro sobre el Ibex 35? Ese sí que lo promocionan los bancos.

—«ESO», por llamarlo de alguna manera, ni lo cuento. El Ibex 35 ni es un futuro ni es nada.

—¿Por qué?

—Cuando veamos las características mínimas que tenemos que pedirle a un futuro para operar en él, te darás cuenta de ello.

—Me parece alucinante.

—Y lo peor de todo es que muchas personas que se inician en este mundo, y por no buscar en el extranjero se conforman con lo que hay en España, de ello se aprovechan las entidades financieras y cada vez que haces una operación… te cobran una comisión que más que una comisión parece un hachazo.

—¿Cuáles son los horarios del Mini SP 500 de Chicago? —preguntó Javier.

—De diez y cuarto a once de la noche es un período de ajuste y no podemos operar. De las once de la noche a las tres y media de la tarde *(opening bell* en Wall Street) es el período llamado *overnight.* De tres y media de la tarde a las cinco, más o menos, es una muy buena hora para operar. De cinco y media a ocho de la tarde yo le llamo el período de la hamburguesa, ya que es cuando los jefes bajan a comer y se quedan los novatos, momento en el que se nota una clara bajada del volumen. Desde las ocho hasta las diez le llamo la hora de los «judíos», porque es cuando vuelven los jefes y comienza el movimiento de nuevo. Los americanos son unos cachondos con esto de los días festivos: totalmente festivos, según nuestro concepto, hay pocos. La mayoría de días que ellos llaman festivos trabajan hasta las doce de la mañana (seis de la tarde, hora española), es decir, que esos días festivos al estilo americano podemos operar casi con total normalidad.

—Curioso.

—A mí, personalmente, me gusta el primer tramo. Y respecto al cuánto diría que no más de hora y media.

—Y luego, ¿qué? —preguntó Andréu.

—Luego, a casa: normalmente, a las cinco de la tarde, como mucho, y siguiendo nuestra forma de operar estará todo el «pescado vendido».

—¿A qué te refieres?

—Nosotros antes de iniciar cada sesión tendremos unos objetivos, tanto de pérdidas como de ganancias, claramente marcados, y para la hora que os he comentado ya lo tendríamos que haber conseguido, con ganancia o pérdida, y por lo tanto tendremos obligación de dejar «la máquina» y de operar. Además, si estamos más tiempo, nuestra reserva mental se agota y seremos presa fácil para el mercado. No olvidemos nunca que en ese mercado, al estar tan cerca el dinero, con un simple golpe de ratón participan las personas más inteligentes y más sinvergüenzas del mercado financiero mundial. No tengan la tentación de ser más listos que ellos.

—¿Hasta qué edad puedo permanecer desarrollando este trabajo?—preguntó Javier.

—Perdona, mejor decir actividad.

—De acuerdo, actividad.

—Ese es otro de los aspectos interesantes de este mundo: puedes hacerlo durante toda la vida.

—Eso está bien.

—Vayamos con otra cuestión que hemos comentado hace un rato: ¿en qué tengo que fijarme para tomar la decisión de operar en un determinado futuro? Hay cerca de ochocientos futuros en el mercado a lo largo del mundo y no tenéis por qué elegir trabajar en el que lo hago yo.

—Y, ¿en qué nos tenemos que fijar?

—Dentro de la gran cantidad de ellos que existen, tenemos que pedirle que se den las siguientes características: que tenga mucho volumen (que se negocien muchos contratos diariamente para que no sea manipulable y así tengamos siempre contrapartida: que siempre que queramos comprar nos vendan y siempre que queramos vender nos compren); que se mueva mucho, volatilidad (si se mueve poco tendremos menos oportunidades de ganar dinero); que no existan *gaps,* agujeros en la cotización. Hay algunos futuros, como el Ibex 35, que tendrían que cambiar el nombre de futuro por el de «la cueva de Alí Babá».

—¿Lo desaconsejas?

—Podéis operar en el futuro del mundo que queráis, pero siempre que reúna las condiciones que os he dicho, y el Ibex 35 no reúne casi ninguna; por lo tanto, Javier, ¿qué diríamos en este caso?

—Cualquier cosa que no nos sirva… directamente a la basura —obedeció Javier.

—No pierdo entonces ni un solo minuto pensando en ello —dijo Andréu.

—Exacto. Otra pregunta que se hace mucha gente: ¿hace falta saber inglés para operar en el mercado de Chicago? Por supuesto que no; la plataforma del *broker* con el que operamos está ya casi toda en español; alguna cosilla hay que saber, pero de andar por casa.

Justo en el momento en que Roberto terminó la última frase, Carmen le dijo:

—Es la hora.

Efectivamente, eran las 14:30, justamente la hora.

Roberto lo había calculado todo para que pudiesen entrar una hora antes del inicio habitual de la sesión, a las 15:30, que era cuando comenzaban las tortas, para que le diese tiempo de explicarles todo lo necesario para que estuviesen preparados y pudiesen hacer alguna operación para que Andréu Malfiat lo viese en vivo y en directo.

—Si no os importa, y para tratar el apartado número uno («los futuros en la práctica») —dijo Roberto mientras se levantaba del confortable sillón donde se encontraba sentado—, quisiera que me acompañaseis a mi humilde «portaaviones»; ¿le parece bien, señor Martos?

—¡Joder!, ya lo creo; era lo que estaba deseando desde que he llegado.

Los dos visitantes se levantaron como si tuviesen resortes en las plantas de los pies y siguieron a Roberto Santa Rita, que se dirigía a su lugar de «actividad».

Javier observó que todo estaba igual, quizá menos libros, salvo las dos sillas dispuestas una a cada lado de la que usaba Roberto, que estaban preparadas para Andréu y Javier.

—¿Música? —preguntó Carmen.

—*Further on up the road,* versión del concierto de Dublín 2006, por favor —contestó Roberto.

—¿De quién es la canción? —preguntó, curioso, Andréu.

—¡De quién va a ser! —dijo Carmen.

—De Bruce Springsteen.

—Acertó, señor —dijo Javier.

—¡Todos atentos! —exclamó Roberto para llamar la atención de la audiencia.

—Sí —dijo Javier.

—¿Qué es todo eso que se ve en la pantalla? —preguntó Andréu.

—Como veis, hay tres pantallas: una para recibir los datos del mercado de Chicago, otra para el *broker* y la última para la cotización euro/dólar. Esta última no es que sirva para mucho, pero es un hábito que tengo desde hace mucho tiempo y, no sé muy bien por qué, pero aquí sigue.

—Empieza —dijo Carmen.

—Como podéis comprobar, en la parte baja de la pantalla y en horizontal hay unas pestañas con los siguientes títulos: día, 60 m, 10 m, 5 m, 3 m y 1 m. Obviamente, esa «m» tras los números indica minutos —dijo Roberto mientras iba pinchando una a una todas las pestañas para que viesen que los gráficos del precio que se veían era diferentes.

Pinchó la pestaña de «día» y dijo:

—Aquí cada una de las barras que se ven, llamadas velas japonesas, representan los precios de un día. Si vamos a otro gráfico, por ejemplo al de 5 m, cada vela japonesa indicará los precios máximo, mínimo, de apertura y de cierre de esos cinco minutos en cuestión, y así en cualquier vela de cualquier pestaña o dimensión temporal que decidamos seleccionar. A ese cuadro con todos esos números que está en el lado izquierdo y en la parte baja de la pantalla —prosiguió Roberto— se le llama profundidad de mercado.

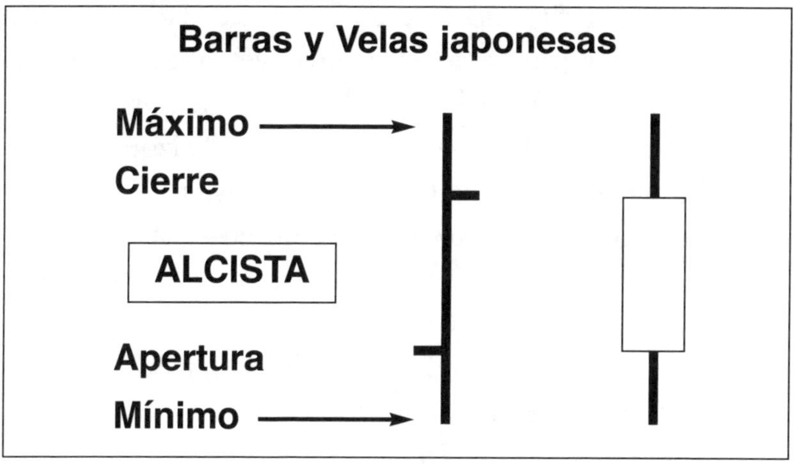

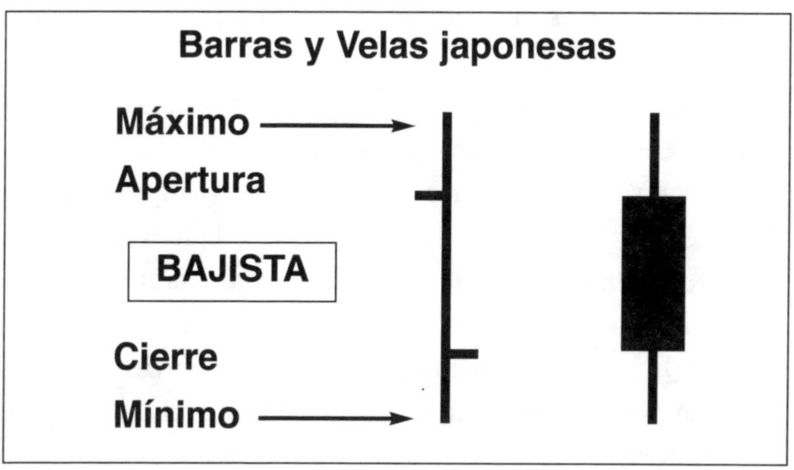

—¿Para qué sirve?

—Para saber a qué precio podemos comprar o vender en cada momento siempre que decidamos entrar con el primer tipo de orden que vamos a aprender que se llama «a mercado». Como podéis observar, en ese cuadro hay un precio a la derecha y otro a la izquierda. El de la izquierda siempre es al precio que se vende y el de la derecha al que se compra. El de la derecha siempre es 0,25 mayor al de la izquierda; es decir, que en cada momento dado el precio de compra siempre es superior al de venta, totalmente al revés que en la vida real. ¿Queda claro? Siempre se compra al precio de la derecha y se vende al de la izquierda.

—Sí, claro como el agua —contestó Javier.

—Un momento —interrumpió Andréu—, ¿cómo es eso de que entramos en el mercado comprando o vendiendo?

—¿Cuál es el problema?

—¿Cómo vamos a entrar vendiendo si no tenemos nada? —preguntó el incrédulo.

—¡Ja, ja, ja! —rió Javier.

—Tranquilo, Andréu, enseguida voy con ello.

—¿Por qué es más caro el de compra que el de venta? —preguntó Carmen.

—En el mercado del Mini SP 500 el precio se mueve de 0,25 en 0,25; es la unidad mínima de movimiento y se le llama *tick.* Además, entre el precio de compra (celdilla de la derecha en la tabla de profundidad de mercado) y de venta (celdilla de la izquierda) siempre hay esa misma diferencia, llamada horquilla.

—¿Qué es ese cuadradito amarillo lleno de números que está arriba a la izquierda, justo encima de la tabla de profundidad?

—Se llama «inspector» y sirve para que cada vez que queramos saber el precio máximo, mínimo, de apertura, de cierre y volumen de contratos que se hayan dado en una determinada vela japonesa, en cualquier dimensión temporal que elijamos, podamos saberlo.

—¿Por qué está la pantalla dividida en dos? ¿Qué significa cada uno de ellos?

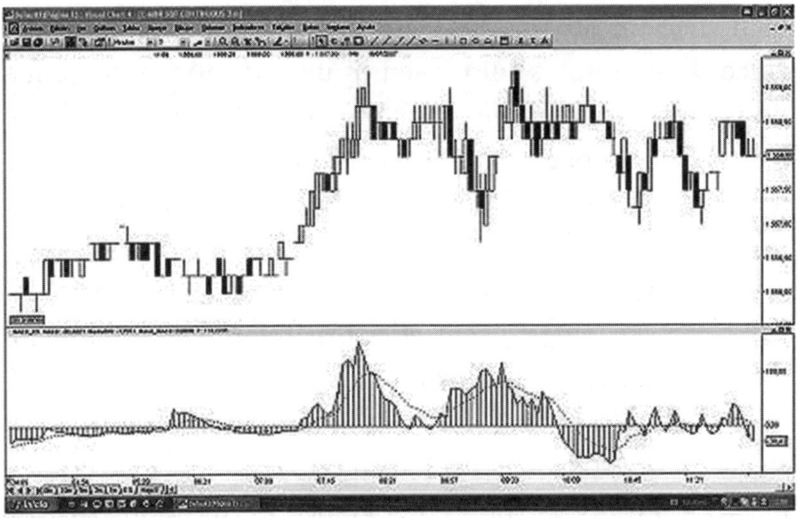

—Como podéis observar (estaban en 5 m), la pantalla está dividida horizontalmente en dos secciones: en la de arriba, ocupando el 70 por 100 de su superficie, representado por las velas japonesas y en riguroso directo, os presento al precio. En la de abajo, ocupando el resto de la pantalla con trazos rojos y representado mediante histograma, os presento al famoso indicador que me enseñó mi amigo Ion Garmendia y al que hoy bautizaremos con el nombre de *SPEED*.

Como comprobaréis, este indicador solo está representado en las dimensiones de cinco, tres y un minuto, que es en las que vamos a trabajar —dijo Roberto, pinchando las dimensiones citadas de manera sucesiva.

—¡Espera un momento! —gritó Andréu.

—Dígame usted.

—En la dimensión de tres minutos me ha parecido ver que hay dos histogramas del *SPEED*.

—Muy bien, Andréu —dijo Roberto, pinchando en 3 m para que todos lo pudiesen ver con claridad—. Como muy bien dice nuestro amigo Andréu, en las dimensiones de cinco y un minutos solo tenemos un indicador representado en histograma y de color rojo y le llamamos el *SPEED* lento, y sin embargo en la dimensión de tres minutos tenemos dos representaciones del indicador, una en rojo (lento) y otra en azul (rápido).

—¿Qué diferencias hay entre el rápido y el lento?

—El rápido nos da entradas más tempranas; no funciona siempre, pero sí la mayoría de las veces.

—Vale. Pero, ¿qué mide ese famoso indicador?

—La aceleración del volumen que se produce de un momento a otro. Si estamos en el gráfico de tres minutos y en una barra concreta se dan cinco mil contratos y en la siguiente barra de tres minutos se dan otros cinco mil, el volumen ha sido importante en ambas, pero la aceleración ha sido cero. Sin embargo, y en el mismo ejemplo, si en la segunda barra se dan diez mil, el volumen no solo ha sido importante, sino que la aceleración lo ha sido también. En resumen, mide cuánto se pone de «cachondo» el mercado de un momento a otro y qué hace el precio cuando eso se produce.

—Pon algún ejemplo.

—Si el precio va hacia abajo con fuerza y el indicador está ascendiendo quiere decir que se está dando aceleración de volumen (el mercado se está excitando) y que el mercado tiene tendencia a caer. Si el indicador está ascendiendo y el precio va hacia arriba querrá decir que se está acelerando el volumen, pero con intención alcista. Y lo último, y más interesante, ¿qué creéis que estará ocurriendo si el indicador está alto y subiendo constantemente, pero el precio no se mueve y se están casando operaciones a los mismo precios?

—¡Joder! Nos están robando —exclamó Javier.

—¿Por qué? —pregunto Roberto.

—Si se están casando muchas operaciones a los mismos precios y el indicador nos dice que el volumen se está acelerando quiere decir que los *brokers* están generando muchas comisiones sin dar la posibilidad, ya que no hay fluctuaciones importantes en el precio, de ganar dinero. ¡Me he dado cuenta!

—¡Bravo, Javier! Sinceramente, me has impresionado.

—Gracias, maestro.

—En estos momentos hay que estar fuera del mercado. ¿Entendido?

—Clarísimo.

—Normalmente, y debido a que seremos operadores intradiarios (entraremos y saldremos tantas veces como queramos durante el día, pero nos iremos a la cama sin tener operaciones abiertas, para dormir bien), estaremos casi todo el tiempo, mientras operamos, en las dimensiones temporales de 5, 3 y 1. Las pestañas de día, 60m y 10m las usaremos para graficar de la manera que os voy a enseñar. ¿Alguna pregunta?

—¿Qué garantía necesito para operar?

—En este mercado, y con nuestro *broker,* 2.000 dólares por contrato (en la actualidad la cantidad es inferior); pero no te preocupes, que vamos a ver ejemplos en breve.

—Bien.

—Resumiendo la pantalla del suministrador del tiempo real: cuando hemos decidido estar en una determinada dimensión temporal, supongamos en 5 m, tendremos el precio (representado por las velas japonesas), el indicador de aceleración lento y el cuadro de profundidad, donde aparece el precio al que puedo comprar o vender en cada momento. ¿Visto?

—Sí, señor.

—¿Qué son los puntos y cuánto vale cada uno? Os he comentado que el *tick* (mínimo movimiento del mercado) es de 0,25. Cada punto vale cincuenta dólares; por lo tanto, cada *tick* serán 12,5 dólares. Es decir, si compramos un contrato (en el mundo de los futuros es lo que se compra y vende) en 1.520 y lo vendemos en 1.525 habremos ganado 5 puntos, o lo que es lo mismo, 250 dólares (a lo que habrá que descontarle la comisión, en mi caso bastante reducida, del *broker).*

—¿Qué es el apalancamiento?

—Apalancarse es realizar la totalidad de una inversión arriesgando una pequeña parte de ella. Pongamos un ejemplo con la compra de una casa, que es con lo que mejor se entienden los casos en España: supongamos que dispongo de una determinada cantidad (30.000 euros) para adquirir una vivienda que tiene un precio de 300.000 euros, de los que no dispongo. ¿Qué hago? Acudo a una entidad financiera a que me preste el resto del dinero mediante una hipoteca de 270.000 euros (por la que tendré que pagar intereses) y compro la vivienda. Con una cantidad he conseguido realizar una inversión diez veces superior, es decir, me he apalancado en diez veces. En los futuros esta operación se puede hacer automáticamente sin pagar intereses y con diversos tipos de apalancamientos. Algunos ejemplos de apalancamientos en diferentes futuros son los siguientes: Ibex 35 (10 veces), Nasdaq (20 veces), Dax (25 veces), Mini SP 500 (50 veces) y SP 500 (250 veces). Así que, como podéis comprobar, cada uno puede elegir el apalancamiento con el que se encuentre más cómodo.

—¿Cuántos contratos se hacen cada día en el futuro en el que vamos a trabajar?

—En el mercado del Mini SP 500 se hacen entre 1.200.000 contratos, en un día flojo, y 3.500.000 contratos, hace unos meses, en un día de máximo volumen.

—¿Cuánto se mueve en porcentaje el futuro en el que trabajas diariamente?

—Me hace mucha gracia cuando todas las mañanas en la radio un locutor amigo mío dice la siguiente frase: «Los futuros americanos vienen planos». Y yo digo: ¿cómo quieres que vengan si los norteamericanos están dormidos. O cuando por la noche y al terminar la jornada dicen: «El Mini SP 500 subió o bajó 0,32 por 100» (porcentaje de variación desde las 15.30 a las 22 horas más o menos, ya que sabemos que este mercado permanece abierto veinticuatro horas). Oyendo esto cualquier persona podría pensar que es un mercado con poca volatilidad (poco movimiento) y, por lo tanto, con pocas posibilidades de ganar dinero. Nada más alejado de la realidad, ya que este futuro tiene una variación diaria, en el período que acabo de comentar, entre el 60 y el 80 por 100. Así que hay grandes posibilidades.

—¡Ya lo creo!

—Conseguir esos porcentajes, por supuesto, serían la perfección absoluta, imposible de conseguir. ¿Qué os parecería si lográsemos un 3, 4 o 5 por 100 de media en cada sesión.

—Yo no lo gano todos los días —comentó graciosillo Andréu Malfiat.

—¿Qué constituye la esencia de los futuros? —preguntó Roberto con prisa por continuar.

—Está clarísimo: los largos y los cortos —saltó Javier Martos.

—Exacto. ¿Qué crees que es ponerse largo? —preguntó Roberto a Andréu.

—Comprar para vender más caro.

—¿Y si compras y tienes que vender más barato?

—No lo haría nunca, porque perdería.

—¡Ja, ja, ja!

—¿De qué te ríes?

—De que te he preguntado qué es ponerse largo y solo piensas en la posición ganadora y no en la perdedora (típica forma de pensar del ser humano: nunca piensa en perder cuando es la primera posibilidad que hay que contemplar); pero no te preocupes, que te lo voy a explicar con claridad. El ser humano, y uno de los problemas más importantes cuando se es novato y a la hora de comenzar a operar, solo piensa, cada vez que entra: «cuánto voy a ganar», y jamás; «cuánto estoy dispuesto a perder». ¡Craso y peligroso error!

—Vale, hasta ahí llego —dijo Andréu—. ¿Qué es entonces ponerse «largo»?

—Es comprar primero para vender después: si compro a un precio y vendo más alto, gano, y si vendo más bajo, pierdo. Esta última posibilidad era la que tu mente no contemplaba y es la primera que tenemos que tener en cuenta cuando nos disponemos a entrar en el mercado. El ser humano, en general y en el mundo de los futuros, cuando es novato y se dispone a operar, en particular, se cree más listo que los que llevan mucho tiempo realizando una actividad, imagino por esa sensación de falsa seguridad de creer que todo es posible, incluso lo imposible (es un poco parecido a los jóvenes que piensan que las personas mayores con experiencia son «puretas» y no se dan cuenta de que ellos han pasado ya por eso y les dan mil vueltas. En los futuros, cuando eres novato, pasa lo mismo). No lo olvidemos nunca: lo primero es no perder; lo segundo, ganar.

—Hagamos un ejemplo de largos —pidió Andréu.

—Lo vamos a hacer de verdad, entrando en el mercado. ¿Os parece?

—Por supuesto —dijo el visitante completamente extasiado.

—Si compro tres contratos al precio que marca en el lado derecho (compra) de la pantalla de profundidad, en este momento 1.519, y luego los vendo a 1.522 (para ello tendré que estar mirando al cuadrado izquierdo de la pantalla de profundidad, precio al que se vende), gano tres puntos por contrato, es decir, nueve en total.

—Entendido.

—Si, en la misma situación, los vendo a 1.512, habré perdido siete puntos por contrato, es decir, veintiún puntos en total.

—También claro.

—¿Qué será ponerse corto?

—Lo contrario: vender primero para comprar después, y es la posición que debemos adoptar cuando pensamos que el mercado va a caer.

—Perfecto. Veamos el efecto: si vendo dos contratos mirando al precio de la izquierda de la pantalla de profundidad de mercado, imaginemos en 1.510, y más tarde los compro en 1.508 (si entramos vendiendo tendremos que salir comprando), ganaré dos puntos por contrato, un total de cuatro. Si, por el contrario, entro vendiendo un contrato en 1.512 y lo compro con posterioridad en 1.518, ¿cuánto gano o pierdo?

—Pierdes seis puntos, 300 dólares.

—Los especuladores, quizá por todas las «tortas» que nos hemos dado en el camino, nunca hablamos de dinero, no lo olvidéis. Los que nos dedicamos a esta actividad somos humildes y no vamos fardando de lo que ganamos y de lo buenos que somos, ya que sabemos la dificultad que entraña y que hemos y vamos a perder muchas veces. El asunto está en que cada vez que perdamos solamente consigan limarnos las uñas y no nos seccionen el brazo, y cada vez que estemos en una posición ganadora, dejar correr los beneficios. Así que desconfiad de aquellas personas, tanto las que operen en futuros como en acciones, que estén continuamente ostentando de las buenas operaciones que realizan y del dinero que ganan.

—Tengo unos cuantos conocidos de esos —dijo la visita.

—Sigamos —dijo Roberto—. Una vez que estamos dentro del mercado (en posición largo o corto) siempre hay que estar preparado para decidir entre una de estas cuatro opciones: cerrar la posición, cargar, descargar o darse la vuelta.

—Vaya lío.

—Verás como no.

—¡Vamos a verlo! —exclamó Carmen.

—Supongamos que tenemos cuatro largos en el mercado, olvidémonos del precio, ¿cómo cargaremos nuestra posición?

—Comprando más —dijo rápidamente Javier.

—Muy bien; ¿cuántos más?

—Dos, por ejemplo.

—¿Cómo nos quedaremos?

—Si tengo cuatro contratos largos (comprados) y compro otros dos, me quedo largo con seis.

—Perfecto. Teníamos cuatro largos, es decir, estábamos apostando a que iba a subir el mercado, y ahora, con la nueva compra, estamos largos de seis: hemos cargado nuestra posición alcista.

—Otra opción: tenemos los mismos cuatro largos del principio, ¿cómo descargaremos esos cuatro largos?

—Vendiendo alguno de ellos.

—¿Cuántos?

—Uno, por ejemplo.

—¿Cómo nos quedamos?

—Largos con tres.

—Muy bien. ¿Cómo cerraremos una posición de cuatro largos?

—Vendiendo los cuatro.

—¿Cómo nos quedaríamos?

—A cero, obviamente.

—Y por último: ¿cómo nos damos la vuelta si estamos con cuatro largos?

—No tengo ni idea.

—Poniendo un número de cortos superior al que teníamos, por ejemplo, nueve cortos, ¿cómo nos quedaríamos?

—¡Anda!, con cinco cortos —exclamó Andréu.

—Nos hemos dado la vuelta: estábamos con cuatro largos y al meter nueve cortos nos hemos colocado en la posición contraria y pensando que el mercado va a caer. ¿Todo claro?

—Sí.

—Vamos a comprobarlo con la posición contraria: supongamos que estoy dentro del mercado con cinco cortos, ¿cómo se carga?

—Poniendo más cortos o, lo que es lo mismo, vendiendo más.

—¿Cuántos?

—Tres más.

—Perfecto: teníamos cinco cortos y añado tres más; resultado: estoy corto con ocho. ¿Cómo descargo mi posición si tengo cinco cortos?

—Comprando, por ejemplo, dos, y me quedo con tres cortos.

—¿Cómo cierro una posición de cinco cortos?

—Comprando cinco.

—Y, ¿cómo me doy la vuelta de cinco cortos?

—Por ejemplo, con ocho largos, y el resultado sería de tres largos.

—Muy bien, veo que estáis concentrados.

Al terminar esta lección, Roberto entró en un programa que estaba en el escritorio de su ordenador y dijo:

—¿Sabéis qué es un simulador?

—No.

—Estar atentos, entonces, porque va a ser vuestro compañero desde hoy hasta que lleguéis a operar con dinero (con el simulador ejecutaréis todas las operaciones en tiempo real, como si fuese un *broker,* pero sin dinero).

Cuando terminéis el aprendizaje os lanzaréis al mercado con el *broker.*

—¿Serás nuestro maestro en todo el proceso?

—Paciencia, todo se andará.

—Por cierto, tengo una pregunta que teníamos pendiente desde hace un rato y que era la tercera cuestión de obligado conocimiento para una persona que quisiese entrar en el mundo de las acciones.

—Tienes buena memoria; dispara.

—Bien. ¿Cómo se gana en el mercado de acciones cuando estas bajan? —preguntó Andréu.

—Es un mecanismo que se llama «crédito al mercado» y es ciertamente engorroso y poco eficiente: para ganar cuando un valor baja nos tenemos que poner cortos, y en acciones para ello tenemos que pedir prestadas unas acciones de las que carecemos. Una vez las tenemos, las vendemos; si suben, las tendremos que comprar, perdiendo, y si bajan, las compraremos, ganando, todo ello para después devolvérselas a la persona que nos las ha prestado (toda la operación tiene un coste elevado e imagino se ve el engorro que todo ello supone). En España es así, pero en Estados Unidos lo podemos hacer con tanta facilidad como vais a ver en el «portaaviones» y con los futuros.

—¿Y por qué has dicho anteriormente que también nos servirá incluso cuando hayamos comenzado con dinero?

—Hay semanas, cuando ya vives de esto, que te obcecas, te va mal o simplemente estás más «espeso» de lo normal; en esos momentos dejar de operar durante una semana con dinero y volver al simulador es un sano ejercicio. Uno de los errores más comunes de los novatos que empiezan la formación y tienen prisa por ganar dinero es (recordad y no lo olvidéis nunca: la paciencia es dinero) que se comportan, mientras están con el simulador, como si fuese un juego, es decir, sin reproducir cómo se comportarían en caso de estar operando con dinero, que es lo que hay que intentar, y eso es un error fatal. En el deporte profesional se dice que se juega los partidos como se entrena: si entrenamos mal, ¿cómo jugaremos el partido?

—Mal, naturalmente.

—Os voy a contar una historia.

—Adelante.

—Este año di un curso privado a un chico de Sevilla al que antes de venir aquí me pidió por teléfono que le ayudase a programar el simulador para que fuese probando antes de que empezásemos el curso privado, ya que todavía faltaban dos meses. Por supuesto, le ayudé; le di las primeras instrucciones sobre lo más importante para que comenzase a operar de manera simulada. A los dos días me llamó y me dijo que aquello era increíble, pero que le resultaba demasiado fácil. Yo me sorprendí de su aseveración y lo dejé pasar. A los dos meses comencé a darle las pautas de mi forma de operar. Se quedó sorprendido y me dijo que no pensaba que iba a ser así, que era exactamente como durante esos dos meses. Le pregunté que cómo había operado durante esos dos meses. Me dijo que se ponía, por ejemplo, largo con cinco contratos y sin *stop* de protección. «Y si el mercado va contra tu posición, es decir, baja, ¿qué haces?» «Sigo comprando (a esto se le llama promediar a la baja: cuando el mercado va contra tu posición inicial y tú sigues cargando en contra del mercado) y así la media baja, y cuando el mercado se da la vuelta entonces empiezo a ganar.» «¿Cuánto era la pérdida cuando el mercado estaba en su punto más bajo y se dio la vuelta?», le pregunté. «Veinte mil dólares.» «¿Y tú crees que si eso hubiese sido real hubieras aguantado una pérdida así o en cuanto marcase la pantalla mil dólares de pérdida te hubieses cagado en los pantalones?» Se quedó sin habla.

—¡Joder!

—Así que en todo el período formativo en el que el simulador va a ser nuestro mejor compañero tenemos que intentar comportarnos como si estuviésemos con dinero real y teniendo en cuenta cuestiones como las siguientes: imaginando con cuánto dinero voy a operar en el futuro; cuántos dólares quiero ganar al día y al mes; qué fórmula de gestión monetaria voy a usar y, por supuesto, respetarla; con cuántos *stop* saltados me voy a casa; a qué horas tengo que operar; ¿sé cómo funciona el *broker* con el que voy a operar? En resumen, el simulador es un arma muy importante en todo el proceso de aprendizaje, nos ayudará a reproducir todas las condiciones mecánicas del juego; hagamos algo de nuestra parte y no estropeemos el proceso de aprendizaje y comportémonos como cuando vayamos a operar con dinero. ¡Seamos realistas!

—¿Cuántos tipos de órdenes hay?

—En el *broker* con el que trabajo hay unos cuarenta tipos diferentes, pero a nosotros no nos interesan más que unas pocas. En primer lugar las dividiremos en dos: órdenes a mercado y condicionadas; las primeras son aquellas que entran a golpe de tecla, al precio que nos marca en la celda de la derecha o de la izquierda en la tabla de profundidad de mercado y de manera automática. Todas las demás son condicionadas, es decir, aquellas órdenes que introducimos en el mercado asignándoles una determinada condición, y las que más nos interesan aquí son las órdenes limitadas y las de *stop*.

—Las de mercado las veo claras, pero las condicionadas no. ¿Puedes poner un ejemplo?

—Supongamos que el precio ahora mismo está en 1.520 y nosotros ponemos una orden limitada de compra en 1.510 de cinco contratos. ¿Qué querrá decir? Tenemos una orden condicionada, es decir, mientras el precio no llegue a 1.510 no pasará nada y la podré quitar en cualquier momento o cambiarla de precio. ¿Qué ocurre si el precio llega a 1.510? —preguntó retóricamente Roberto—. Nuestra orden limitada se convertirá en una orden a mercado de compra y ya estaré dentro del mercado, en este caso con cinco largos a 1.510. Es decir, una orden limitada de compra a un precio determinado es como decirle al mercado: «Oye, si llega el precio adonde yo haya establecido, que me compren (o vendan) los contratos que yo haya indicado previamente». Pongamos como ejemplo una orden a mercado (corta), con su correspondiente *stop* (para limitar la pérdida si se produce) y, además, con una orden limitada. ¿Os parece?

—De perdidos al río —dijo Andréu totalmente entusiasmado.

—Pulso la tecla para introducir la orden a mercado, mirando a la celdilla de la izquierda en la tabla de profundidad, y me pongo corto (vendo) en tres contratos a 1.510. ¡Estoy dentro! —dijo Roberto.

—Bien.

—Si el precio cae, gano, por lo tanto eso no me preocupa; pero si el precio sube comienzo a perder, por lo que voy a poner un *stop* para limitar mi pérdida en caso de que eso ocurra. ¿Dónde pondré el *stop?*

—Obviamente, en un precio por encima al de la entrada.

—Muy bien. Os aviso desde ya que yo coloco el *stop* en dos puntos, es decir, no estoy dispuesto a perder más de cien dólares por contrato en ninguna operación.

—Dale, Roberto.

—Colocaré una orden de *stop* (recordad que es una orden condicionada y, por lo tanto, hasta que el precio no llegue ahí no se ejecutará) en 1.512. ¿Será de compra o de venta?

—Si hemos entrado al mercado vendiendo, tendrá que ser de compra —dijo Javier con seguridad.

—Efectivamente, las órdenes de *stop* serán siempre contrarias a la entrada. Si entro largo al mercado, el *stop* tendrá que estar dos puntos por debajo de la entrada y será siempre de venta. Si entro corto al mercado, el *stop* tendrá que estar dos puntos por encima de la entrada y será siempre de compra. ¿Ha quedado claro?

—Completamente.

—Sigamos con nuestra orden: colocaré mi *stop* en 1.512 y será de compra. Con esta acción estoy cubierto y sé que no podré perder en total más de seis puntos (dos puntos por tres contratos). Ya tengo una orden a mercado y su correspondiente orden de *stop* (de obligado cumplimiento cuando se es novato y se comienza a operar). Además, voy a colocar una orden limitada (también es condicionada) para salirme con beneficio en un momento determinado: colocaré una orden limitada de compra de tres contratos en, por ejemplo, 1.500.

Roberto pulsó la tecla y en la pantalla aparecieron tres celdillas a diferentes niveles que representaban las tres órdenes (una a mercado y dos condicionadas; un *stop,* por encima del precio de entrada, y una orden limitada, por debajo) que acababa de dar al mercado.

—¿Puedes explicar los tres cuadritos que han aparecido?

—La primera, en la que pone -3× 1.510, nos indica que tenemos tres contratos cortos a ese precio. La celdilla que está un poco más arriba, en 1.512, es el *stop* de protección, y la celdilla por debajo de los cortos de entrada es la orden limitada. Ahora el precio se moverá: si va hacía arriba y toca el *stop,* se ejecutará la orden, me sacará del mercado y habré perdido los anteriormente citados seis puntos, trescientos dólares. Si esto ocurre automáticamente la orden limitada se desactivará, estaré fuera del mercado y tendré que volver a pensar cuándo y dónde entrar. Si, por el contrario, el precio se mueve hacia abajo y llega al lugar donde tengo colocada la orden limitada, esta se ejecutará y habré ganados treinta puntos; en total, mil quinientos dólares. Si esto ocurre automáticamente la orden de *stop* se cancelará y no creo que vuelva a pensar en entrar.

—¿Por qué no?

—Porque tendré mi objetivo del día conseguido de sobra y me iré a dar un paseo por la playa. Es vital saber cuándo retirarse tanto con pérdida como con beneficio.

—¿También nos enseñarás normas al respecto?

—No lo dudes.

—¿Qué os parece si os enseño cómo se maneja el *stop* de pérdida de una manera especial a la que yo llamo el orgasmo absoluto?

—Suena bien —dijo Javier.

—Supongamos que entramos a mercado con dos contratos largos a 1.512 y le colocamos su correspondiente *stop* en 1.510 (corto). Ya sabéis que si el precio cae y toca el *stop,* se ejecutará y habré perdido. Supongamos que no ocurre y el precio se desboca hacia arriba y llega a 1.515.

—Lo supongo.

—En ese momento pincho con el ratón en el cuadradito que marcaba el *stop* en 1.510 y arrastrándolo lo llevo a 1.513 y allí lo suelto.

Los alumnos observaron que por arte de magia el *stop* de venta, que estaba antes en 1.510, había pasado a estar en el nivel de 1.513.

—Ahora seguimos teniendo el largo, que hemos puesto en 1.512, pero su *stop* ha pasado de estar en 1.510 a 1.513. ¿Qué hemos conseguido?

—¡Garantizar los beneficios! —exclamó eufórico Andréu.

—Exacto. Desde este momento, y pase lo que pase, hemos comprado en 1.510 y tenemos el *stop* (corto) tres puntos por encima: si el precio se da la vuelta, cae y toca nuestro *stop,* lo ejecutará y venderá los contratos que hemos comprado en 1.513. Si el precio siguiese subiendo, podríamos seguir trasladando el *stop* hacía arriba para ir garantizando cada vez más beneficios. La misma operación se podría realizar si en vez de entrar largo, como hemos hecho ahora, lo hacemos en corto. A esto le llamo yo el orgasmo absoluto. ¿Os ha gustado?

—Mucho.

—¿Cuál es el mejor banco, sociedad de valores o *broker* para trabajar en futuros?

—No te anticipes. Primero hay que decidir un futuro en el que operar; no tiene por qué ser el Mini SP 500 de Chicago (es en el que yo trabajo y el que aconsejo), ya que existen más de ochocientos diferentes en el mundo y hay otros que también merecen la pena. Una vez seleccionemos el futuro ya buscaremos el *broker.*

—¡Visto —exclamó Javier, imitando a los abogados de los grandes despachos internacionales.

—¿Por qué crees que no hay plataformas decentes en España y los *brokers* cobran cantidades tan desorbitadas por nuestros contratos en futuros? —preguntó Javier.

—Es clarísimo que en España, donde la cultura financiera es tan baja, no interesa que nadie opere en futuros. Conmigo desde luego no pudieron; creo que el mundo es muy grande y hay que ir a buscar lo que necesitemos allá donde esté. El mundo no termina en los Pirineos.

—¡Ja, ja, ja!, tienes razón —dijo Andréu.

—Para finalizar con el *broker:* también hay que tener en cuenta en cómo remunera el pasivo, las cantidades que tenemos en nuestra cuenta y que permanecen ociosas mientras no operamos, y por el tiempo en que no lo hacemos.

—Queda claro.

—En los futuros después de entrar en el mercado, en largo o en corto, y poner el *stop,* este, en el caso de que el precio llegue al nivel donde lo hemos colocado, saltará automáticamente, dándonos la posibilidad de limitar las pérdidas, cosa que, como os he dicho hace unas cuantas tarjetas, no ocurre en el mercado español de acciones, aunque mucha gente crea que sí.

—Ahora es el momento de explicar el cuarto aspecto que nos quedaba pendiente y que es de obligado conocimiento si queremos operar en acciones, ¿no es así?

—Así es.

—¿Sabéis cómo se puede no perder invirtiendo en acciones? —preguntó Andréu, refrescando la pregunta atrasada.

—Supongamos que compro unas acciones determinadas y desde el momento en que las compro las acciones empiezan a caer; pierdo, ¿verdad?

—Naturalmente.

—Perfecto. Miraré cuánto estoy perdiendo en mi inversión en acciones (contado) y haré un cálculo para saber cuántos contratos de futuros tengo que vender para hacer la cobertura de esa pérdida.

—¿Cómo?

—Por una parte estaré largo en acciones y por otra estaré corto en el futuro de esa acción. Si el precio sigue bajando, con las acciones seguiré perdiendo, pero con los futuros estaré ganando; es decir, estaré prácticamente a cero. A esto se le llama cobertura.

—¡Claro!, y en el momento en que las acciones comiencen a subir, cancelarás el futuro con largos y comenzarás a ganar con las acciones, ¿no es cierto?

—Muy bien, sí, señor. Ahora, sí; ahora ya podéis decir que conocéis los cuatro aspectos más importantes para poder especular en acciones. Si no se conocen lo mejor es abstenerse de entrar en la Bolsa de valores y mucho menos en «chicharros» (valores de baja capitalización).

—¡Perfectamente claro! —exclamó un entusiasmado Andréu.

—Ya sabemos la mayoría de las cosas necesarias para entrar al mercado (solo nos queda saber la razón para entrar), y ahora es el momento de aprender a graficar como os he comentado que lo hago yo.

—¿Qué significa exactamente graficar?

—Para saber dónde entrar y en qué condiciones os voy a enseñar a graficar para saber dónde hacerlo hallando soportes y resistencias. Graficar nos ayudará, con mi especial manera, a encontrarlos.

—De acuerdo.

—Muchas veces me preguntan: «Señor Santa Rita, qué va a hacer hoy el mercado». ¿Sabéis qué respondo siempre?

—Ni idea.

—No tengo ni idea ni me importa, pero lo que sí sé es lo que voy a hacer si el mercado va hacia arriba o hacia abajo, llega a un determinado punto, previamente por mí marcado, y de qué manera llega a este.

—¡Vaya chulería!

—De eso nada: es una verdad como un templo. Entonces sí sé lo que haré —continuó Roberto sin hacer caso al comentario de Andréu.

—Y, ¿cómo se hace eso? —preguntó Javier.

—Mediante la graficación…

—… Que imagino nos vas a enseñar.

—¡Por supuesto! Nadie sabe adónde irá el mercado, pero lo que sí puedo saber es, según mis estrategias, qué es lo que yo voy a hacer si el mercado sale de una manera y en un sentido o en otro. ¡Eso sí lo sé! Por eso es tan importante graficar. Tenemos que actuar como si estuviésemos en un puesto para cazar patos: cuando salga el pato, dispararemos; a veces le daremos y a veces no. Lo que no haremos, como mucha gente que opera y dice una frase que me pone muy nervioso: «Es que pensaba que iba a subir (o bajar) y por eso he entrado en el mercado». O como digo: «Pensaba que iba a salir el pato y por eso he disparado». ¡Aquí nadie piensa nada! Cuando salga el pato disparamos, y mientras no salga, todo el mundo con las manos quietas. ¿Está claro?

—Meridianamente claro.

—¡Vas a graficar de una santa vez! —ordenó Carmen.

—Tranquila, cariño; primero vayamos a ver qué es un soporte (suelo) y una resistencia (techo).

—Bien, ¿qué es un soporte? —preguntó Carmen.

—Cuando el precio cae hasta un determinado nivel y toca varias veces en él y no consigue traspasarlo y se va hacia arriba, si trazásemos una línea horizontal en todos los toques que ha hecho el precio representado por las velas japonesas, esa línea horizontal constituye un soporte o suelo. Dicho de otra manera: el precio ha caído a ese precio y al llegar a él hay «oscuras manos» que han decidido que hasta ahí ha llegado y han comenzado a comprar (ponerse largo) y no han permitido que el precio bajase de ese punto: el soporte.

—Y, ¿una resistencia?

—Al revés: cuando el precio sube hasta un determinado nivel que toca varias veces y se da la vuelta sin conseguir traspasarlo, a esa línea horizontal que podemos trazar en todos los toques que ha dado el precio, a eso se le llama resistencia. ¿Por qué se ha producido? Porque al llegar ahí las manos oscuras de antes han decidido en ese momento que hasta ahí ha llegado y no tienen interés en que vaya más arriba.

—Y eso es lo que vamos a intentar graficar, ¿no?

—Exactamente; vamos a obtener unos soportes y resistencias que van a constituir los lugares susceptibles de ponernos largos o cortos (contra el mercado en primera instancia: largos en soportes y cortos en resistencia), es decir, van a ser los momentos donde tendremos obligación de disparar al pato.

—¿Podemos ir ahora con la graficación? —insistió Carmen.

—Sí, señorita.

—¿Tomamos nota? —preguntó Andréu.

—No estaría mal.

—Estamos preparados —dijo Javier.

—Comenzaremos a graficar a las tres de la tarde con la idea de estar preparados para comenzar a operar a las tres y media. Como hemos visto antes en la pantalla, tenemos gráficos de seis temporalidades: día, 60 m, 10 m, 5 m, 3 m y 1 m. Las tres primeras dimensiones nos servirán para hallar los soportes y resistencias, que serán los lugares, siempre que nuestro indicador *SPEED* así nos lo indique, para ponernos largos o cortos con la primera parte del sistema.

—¿Qué es eso de la primera parte del sistema?

—Paciencia —dijo Carmen.

—Las demás dimensiones temporales (5, 3 y 1) nos servirán para tomar las decisiones de entrada y operar. Es decir, que una vez usemos las tres primeras para graficar nos olvidaremos de ellas, ya que para operar, teniendo en cuenta que somos operadores intradía, solo usaremos las dimensiones más cercanas. ¡Vamos allá!, paso a paso. Tenéis una cuadrícula que os ha entregado Carmen que tendremos que rellenar. En ella veis que arriba a la derecha hay una cuadrícula pequeña con el recuadro central en negrita, ¿verdad?

PLANTILLA BÁSICA DE TRADING

SOPORTES - RESISTENCIAS

NEGATIVAS		POSITIVAS	
DESCONFIANZA	TEMOR/MIEDO	CONFIANZA	CONTROL
VERGÜENZA	RABIA	AFIRMACIÓN	SIMPATÍA
HOSTILIDAD	FATALISMO	OPTIMISMO	SATISFACCIÓN
INSATISFACCIÓN	INEFICACIA	EFICIENCIA	TRANQUILIDAD
ANSIEDAD	DESCONTROL	AUTOCONTROL	SINTONÍA
AVARICIA	CONFUSIÓN	REALIZACIÓN	PACIENCIA
FRUSTRACIÓN	IMPACIENCIA	ACEPTACIÓN	SEGURIDAD
PERFECCIONISMO	TEMERIDAD		

SEÑALE LAS EMOCIONES QUE HA SENTIDO DURANTE LA SESIÓN DE TRADING, SERÁN UN EJEMPLO DE POR QUÉ DAMOS TANTA IMPORTANCIA AL PSICO-TRADING

	HORA	CTRS	ENTRADA	SALIDA	RESULTADO	ACUMULADO	COMENTARIOS
1							
2							
3							
4							
5							
6							
7							
8							
9							
10							
11							
12							
13							
14							
15							

ERRORES DETECTADOS	OPERACIONES				RESULTADOS OPERATIVOS	
	Largos		ResLg		Ganadoras / Perdedoras =	
	Cortos		ResCr			
	Ttrades		Rbruto		Media de Ganadoras	
	BROKER		Rneto		Media de Perdedoras	

	RES DÍA	RES SEMANA	RES MES	RES AÑO

—Sí.

—Ahí colocaremos el precio a las tres de tarde (vamos a llamarlo «precio de salida»). Después de haberlo puesto iremos a la dimensión «día» y ayudándonos del ratón colocaremos la flecha justo encima de la barra del día de hoy (recordad que en el gráfico de «día» cada vela japonesa representa el precio de apertura, cierre, máximo y mínimo de cada día), y el inspector nos dará los precios citados, de los que no nos interesan más que los máximos y mínimos de cada vela. Imaginaos que yo soy el precio gravitando y que siempre me tenéis que mantener acorralado (encajonamiento) con un suelo (soporte) y techo (resistencia), y como primera idea, cada vez que yo (precio gravitando) emprenda vuelo hacia arriba y me choque con el techo, me impulsaré con los brazos hacia abajo; por lo tanto, ¿me tendré que poner…?

—¡Corto! —exclamaron Javier y Andréu al unísono.

—Muy bien. Y cada vez que yo, el precio gravitando, vaya hacia abajo y llegue a un suelo o soporte daré un salto, ¿cómo me tendré que poner?

—Largo.

—Perfecto.

—¿Siempre hay que hacer esto?

—No siempre. Es solo una primera idea para que os vayáis familiarizando con la manera de operar con la primera parte del sistema.

—¿Cuántas partes tiene el sistema?

—Tres partes, pero solo os enseñaré las dos más importantes. La tercera, que sería para operar en mercados laterales, no creo que, de momento, os sea útil.

—Quiero conocerlas todas —dijo Andréu.

—Me parece bien, pero hoy no la vamos a tratar.

—Como usted diga, maestro —dijo en tono jocoso Andréu.

—Sigamos, y recordad que estamos en el gráfico diario y primero vamos a hallar techos o resistencias; colocamos la flecha, sin pulsar el ratón, encima del cuerpo de la última vela japonesa, y el inspector nos dirá el precio máximo de esa barra (vamos a llamarle R1) y lo colocamos en nuestra cuadrícula, inmediatamente encima del precio que habíamos llamado precio de salida. Buscaremos el siguiente máximo inmediatamente superior en precio, yendo a la siguiente barra diaria, no en tiempo, al R1; lo colocaremos en nuestra cuadrícula y será el R2. Seguiremos haciendo lo mismo con los máximos y así iremos colocando en la cuadrícula, en orden ascendente y siempre por encima del «precio de salida», todas las resistencias que hallemos. Ya me habéis colocado a mí, el precio gravitando, una serie de techos con los que me encontraré si decido ir hacia arriba. Si entre los diversos techos hay distancias considerables, de más de siete puntos, por ejemplo, nos dirigiremos al gráfico de sesenta minutos y buscaremos rellenar esos agujeros, porque imagino que os habéis dado cuenta de que cada barra de día se descompone en veinticuatro barras de sesenta minutos cuando pasamos a esta dimensión.

—¡De cajón de madera de pino! —exclamó Javier.

—¿Qué hacemos ahora? —preguntó Andréu.

—Lo mismo, pero con los suelos y empezando de igual manera en el gráfico diario: ponemos la flecha de nuevo en la última barra, la del día presente, y el inspector nos dice qué precio constituye el mínimo, y lo colocamos en nuestra cuadrícula de soportes y resistencias inmediatamente por debajo de nuestro «precio de salida», y constituirá nuestro S1. Seguiremos buscando el resto de los soportes siguiendo la misma técnica usada para hallar resistencias, pero en este caso iremos hallando los mínimos inmediatamente inferiores en precio al S1, y los colocaremos por orden en la cuadrícula en orden descendente. Una vez hagamos esto ya tendremos todos nuestros techos y suelos donde, *a priori,* nos pondremos largos, en soporte, y cortos, en resistencia.

—Eso es al revés de lo que suele hacer la mayoría de la gente que opera en acciones —afirmó Andréu.

—Sí, señor.

—¿Y...?

—Quien tenga mentalidad de acciones tendrá que cambiar todos sus esquemas si quiere triunfar en futuros, ya que esa mentalidad, la humanamente lógica, no funciona en futuros; constituye una de las razones de que la mayoría de la gente que se adentra en este mundo, entre los que en su día me encontré, pierdan.

—Entendido.

—Os vais a quedar alucinados de las veces que el precio se va a parar en los soportes y resistencias que tracemos antes de las tres y media, y eso sin llamar a Chicago —dijo irónicamente Roberto.

—¡Ja, ja, ja!

—¿Qué hacemos después de graficar? —preguntó Andréu.

—Como os he dicho, para graficar usaremos las dimensiones temporales de día, 60 m y 10 m, y una vez lo hayamos hecho, nos olvidaremos de ellas. Por supuesto, no os prohíbo que durante la sesión vayáis a mirarlas de vez en cuando, pero como regla general para operar estaremos en 5 m, 3 m y

1 m, sobre todo en 3 m. A los novatos no sé por qué razón les gusta estar en 1 m, pero la mejor dimensión para operar es la de 3 m. En 1 m tendremos que estar un 15 por 100 del tiempo: en el momento de la salida y para observar al *SPEED* de cerca en los momentos de la entrada y salida del mercado. El resto del tiempo estaremos en 3 m, que es la dimensión que utilizaremos para tomar las decisiones de entrada. Bien; una vez tenemos nuestros soportes y resistencias colocados en nuestra cuadrícula, nos olvidaremos de las tres primeras dimensiones temporales y «encajonaremos» el precio.

—¿Qué es eso?

—Nos ponemos en 5 m e iremos pulsando los iconos de *zoom* que tiene el programa hasta que consigamos ver una foto del gráfico que sea perceptible al ojo humano: ni demasiado grande ni demasiado pequeño. Una vez lo hayamos conseguido, colocaremos una línea horizontal en el precio máximo y otra en el mínimo de la foto que tengamos, en este caso en el gráfico de 5 m. El precio estará en el centro de la pantalla, más o menos, y tendrá un soporte que le hemos colocado por debajo y una resistencia por arriba; es decir, yo, el precio gravitando, estoy «encajonado». Haremos lo mismo en 3 m y 1 m.

—¿Por qué hacemos todo esto?

—Ahora, cuando os explique las cuatro maneras que tiene de salir el mercado a partir de las tres y media, lo entenderéis claramente.

—¿No has dicho que no cierra nunca?

—Muy bien. Veo que estáis atentos y corrijo la frase: os mostraré las cuatro maneras que tiene de comportarse el mercado a partir de las tres y media de la tarde, cuáles de ellas son las más habituales y por qué hemos desarrollado este sistema; y, por supuesto, qué parte del sistema hay que utilizar en cada una de las salidas.

—A ver esas cuatro maneras que tiene de «abrir» el mercado —dijo Javier, abundando en el error semántico de Roberto.

—La primera se llama «la batidora»: el precio desde las tres y media sube y baja sin aparente lógica, sin un desplazamiento claro y sin llegar a nuestros niveles de «encajonamiento».

—¿Qué hacemos entonces? —preguntó Andréu impaciente.

—Tranquilo, no te adelantes.

—¡Me estás poniendo nervioso! —dijo Javier a Andréu—. ¡Déjale que desarrolle!

—Tienes razón; ahora comprendo cómo te hallabas cuando te encontraste conmigo en Barcelona después de salir de aquí.

—La segunda la llamo «el conejito».

—¿Por qué?

—Es aquella salida que va en un sentido, para arriba por ejemplo, y sube sin parar, y dura, y dura...

—¡Ja, ja, ja! Entendido.

—¿La tercera? —preguntó Javier.

—La llamo «no name»; de momento no le he encontrado un nombre adecuado y consiste en que el precio sale, por ejemplo, hacia abajo y cuando se encuentra con nuestro S1 o S2 o S3 parece que va a seguir hacia abajo, como si fuese un «conejito», pero no: rebota (engañando a la mayoría) y se da la vuelta, comenzando a subir sin freno. En el mundo de los futuros lo que se ve claramente casi nunca es lo que en realidad ocurre. En este caso, toda la gente ve claramente (recordad que el ser humano odia la incertidumbre y solo hace algo cuando parece claro, y eso en los futuros es mortal de necesidad) que el precio va hacia abajo y se ponen cortos; en ese momento se da la vuelta y te quedas con cara de atontado. Por supuesto puede ser lo mismo si sale hacia arriba, toca R1 o R2 o R3 y se da la vuelta, dejando a todos los que ven clara la subida con sus posiciones largas. Este tipo de salida es, sin duda, la que más días ocurre, y la razón, como dentro de un rato veréis, por la que casi siempre al inicio de la sesión usamos la primera parte del sistema.

—¿La cuarta?

—Es una variación de la tercera y yo la llamo «Juan Tamariz», y, si me lo permitís, no os la voy a contar, ya que se da pocas veces y no os quiero liar.

—Por orden, ¿cuáles son las que más se dan?

—Sin duda, la que más aparece es la «no name»; el segundo puesto se lo reparten «el conejito» y «la batidora», y en último lugar, «Juan Tamariz». ¿Os gustan los nombres?

—Graciosillos.

—Recordad —continuó Roberto sin hacer mucho caso—: somos operadores intradía, es decir, entraremos y saldremos del mercado durante un mismo día tantas veces como consideremos, pero nos iremos a dormir tranquilos, sin operaciones abiertas y sabiendo cuánto hemos ganado o perdido en esa jornada.

—Eso me parece ciertamente interesante.

—Cambiando de asunto —dijo Andréu—, uno de los temas de los que me comentó en su día Javier que más me sorprendió fue el de la gestión monetaria. ¿En qué consiste y para qué sirve exactamente?

—¡Vamos con ello! —dijo Roberto cada de vez de mejor humor—. La gestión monetaria es uno de los tres conceptos importantes a la hora de operar en futuros, junto con el *psicotrading* y el sistema de inversión. Es una fórmula (hay varias y tendremos que escoger una de ellas, aunque ya sé cuál de las que os mostraré escogeréis) que sirve para maximizar los beneficios y minimizar las pérdidas cuando se producen y saber, exactamente, el número máximo de contratos que debemos poner en juego cada vez que entramos en el mercado, ya que, como imagino suponéis, no se puede poner cada vez el número que nos dé la gana.

—¿Perderemos muchas veces?

—Imaginad una cosa: un *trader* profesional que gane el 60 por 100 de las operaciones, dando por supuesto que respete la correcta colocación del *stop* de protección y la gestión monetaria, puede ser millonario.

—Tampoco me parece tan complicado.

—¿Qué es lo que no te parece complicado?

—Ganar el 60 por 100 de las veces.

—¡Tiene narices! —exclamó Roberto.

—¿Perdón?

—¿Por qué solo te fijas en el porcentaje de operaciones positivas?

—¿En qué quieres que me fije?

—Si nuestro operador gana el 60 por 100 de las veces quiere decir que va a tener que ir preparando la mente para perder el 40 y no venirse abajo; de lo contrario, estará muerto.

—Entiendo.

—La fórmula de gestión monetaria, y para no volveros locos con otras, que vamos a utilizar es la siguiente: en el numerador, el capital multiplicado por la pérdida máxima en porcentaje que estemos dispuestos a asumir diariamente; y en el denominador, la pérdida máxima por contrato en dólares que pudiéramos perder si... ¡FUÉSEMOS MÁQUINAS!

—¿Cómo?, ¿qué quieres decir con eso?

—Si no fallásemos nunca, si no tuviésemos sentimientos, el número del denominador sería...

—Ni idea —dijo Andréu.

—¿Cuántos puntos hemos dicho que iba a ser nuestro *stop* de protección?

—Dos puntos.

—Y, ¿cuántos dólares son dos puntos?

—Cien dólares.

—Por lo tanto, ¿qué cantidad tendré que colocar en el denominador SI FUÉSEMOS MÁQUINAS?

—Cien dólares.

—Perfecto. Enseguida volvemos con nuestros cien dólares.

—Vale.

—Vamos a sustituir los valores en la fórmula empezando por el numerador: ¿con qué capital comenzamos?

—Treinta mil euros —saltó Andréu.

—Me parece perfecto; pero tendrán que ser dólares.

—¿Tendré que abrir una cuenta en dólares?

—Podrías, pero, cuando sea el momento, la abriremos en euros, aunque tú operarás en dólares (no os preocupéis por el riesgo cambio divisa porque no existe) y cada día y operación que hagas, cuando salgas del mercado, el *broker* te abonará o cargará en tu cuenta la cantidad correspondiente en euros. De momento no te preocupes de estos aspectos, ya que todavía, a no ser que seas un tonto integral, como lo fui yo, lo que te digo es que al salir de aquí vayas como loco a abrir una cuenta en el *broker* (cada uno con su dinero hace lo que quiere); aún queda mucho para tratar estos temas (cuando finalices tu aprendizaje y tengas el nivel y categoría suficientes para operar en las ligas mayores).

—Adelante con la fórmula —ordenó Carmen.

—En el numerador colocamos los treinta mil dólares y lo multiplicamos para la pérdida máxima en porcentaje que estemos dispuestos a asumir diariamente (el creador de la fórmula pondría un 5 por 100, pero es un tanto excesivo y nuestra pérdida máxima la tasaremos en un 3 por 100). Resultado del numerador: mil quinientos dólares. Vamos con el denominador: hemos dejado claro que cien dólares sería la cantidad que tendríamos que poner en el denominador si fuésemos autómatas, pero como no lo somos y sé que algún día, después de un par de malas jornadas en que nos hayan saltado el *stop,* «pasaremos» olímpicamente de ponerlo, vamos a darnos un margen y solo (repito: solo) para realizar este cálculo en la fórmula pondremos el doble.

—¿Doscientos dólares?

—Exacto; pero que quede claro que no os permite aumentar el *stop:* simplemente es para el cálculo.

—Oído cocina.

—Veamos cómo queda la fórmula: 30.000 euros multiplicado por el 3 por 100 y todo ello dividido entre doscientos dólares por contrato nos da un resultado de cuatro contratos y medio.

—Y, ¿qué quiere decir eso?

—Que ese día en concreto podremos operar, cada vez que entremos, con cuatro contratos y no todos a la vez: entraremos dos más dos, o uno más uno más dos, o dos más uno más uno, pero nunca con cuatro de golpe. ¿De acuerdo?

—Sí.

—Observemos qué ocurre si comenzamos a operar y tenemos ganancias o pérdidas.

—Vale.

—Imaginemos que en los dos primeros meses ganamos doce mil dólares; ya no tendremos treinta mil de capital, sino cuarenta y dos mil; ¿no es así?

—Así es.

—Veamos para ese día cuántos contratos tendríamos que utilizar: cuarenta y dos mil dólares multiplicados por el 3 por 100 (pérdida máxima diaria admitida) y todo ello dividido entre doscientos dólares nos da un resultado de seis contratos y medio. Como veis, hemos pasado de poder usar cuatro a seis contratos.

—Y, ¿si perdemos?

—Supongamos que desde que llegamos a los cuarenta y dos mil comenzamos a perder y en un tiempo determinado pasamos a tener veinte mil dólares (aunque, como os podéis imaginar, la fórmula nos va frenando cuando se producen las pérdidas para que no nos arruinemos). La operación sería: veinte mil dólares multiplicados por el 3 por 100 y divididos entres doscientos dólares nos daría que podríamos usar, para ese día, un máximo de tres contratos. En resumen, la fórmula nos va diciendo el número de contratos que tenemos que usar cada vez (no podemos colocar el número que queramos usando nuestro libre albedrío, ya que si al no seguir la gestión monetaria le unimos el apalancamiento asimétrico estamos muertos) con el objetivo de maximizar beneficios y minimizar pérdidas.

—¿Qué es el apalancamiento asimétrico? —preguntó, curioso, Andréu.

—Es un efecto que ocurre al principio de operar y que hace que la ruina sea posible en la operativa en futuros. Si tenemos diez mil dólares y empezamos a operar, y perdemos cinco mil, perdemos un 50 por 100, pero para volver desde este punto al inicial tendríamos que ganar un cien por cien. Si tengo cien mil dólares y pierdo un 75 por 100 me quedo con veinticinco mil, y para volver desde ese punto al inicial tendría que ganar un 300 por 100. A este efecto se le llama apalancamiento asimétrico; tiene un impacto importante cuando somos novatos y comenzamos a operar, y la gestión monetaria nos ayuda a paliarlo.

—Entendido.

—Ya sabemos de cuántos puntos es el *stop* (obligatorio ponerlo siempre), conocemos la gestión monetaria y la fórmula que vamos a utilizar...

—Y, ¿ahora qué?

—Ahora vamos a ver cómo entramos al mercado, qué condiciones nos dicen cuándo entrar y cuándo no.

—¡Por fin! El sistema de inversión —dijo Javier.

—¿Qué es un sistema de inversión?

—Un sistema de inversión es un conjunto de normas de obligado cumplimiento (*stop* de protección, gestión monetaria, cuándo entro y salgo del mercado, cuándo tengo que dejar de operar, cómo marco mis objetivos de puntos diario, etc.). Como comprenderéis el sistema es imposible que os lo enseñe en cinco minutos, y si, como parece, vais a querer que os ayude en la formación, os vais a aburrir de saber cómo se aplica.

—O sea, que hoy nada; menuda decepción —dijo Andréu.

—Creo que no estaba entre tus preguntas; tampoco entre tus inquietudes.

—Tienes razón —contestó Andréu.

—No te preocupes. Os voy a iniciar —les animó Roberto.

—¡No esperaba menos de ti! —exclamó Javier.

—Intentaré enseñaros algo sobre el sistema para que os hagáis una idea de por dónde van los tiros.

—¡Vamos! —exclamó Javier.

—Antes, y para terminar con la gestión monetaria: ¿cuándo tendré que dejar de operar? Ya que dentro del sistema hay normas, unas condiciones que si se dan estaré obligado a dejar de operar, tanto si gano como si pierdo; y, creedme; este punto es complicadísimo de cumplir. Al iniciar cada sesión tendremos unos objetivos de beneficios y de pérdidas; de beneficios, por ejemplo, quisiera ganar seis mil dólares al mes, por lo tanto, tendré, en veinte días de trabajo, que ganar trescientos dólares (seis puntos) de media al día. De pérdidas, el 3 por 100 de pérdida máxima diaria que dice mi fórmula de gestión monetaria o si me saltan tres *stop* de protección seguidos, lo que antes ocurra. Si se dan cualesquiera de esas condiciones, alguna de las dos de pérdida, o consigo el objetivo, tengo obligación de cerrar las pantallas, dejar de operar e irme a tomar unas «cañas» con los amigos y no volver a pensar ni tocar los gráficos hasta el día siguiente. ¿Queda claro?

—Parece sencillo.

—Rebobinemos. Ya sabemos los tipos de órdenes básicas para entrar al mercado (a mercado, *stop* y limitada); hemos graficado en los gráficos de día, 60 m y 10 m (nos ha servido para hallar los soportes y resistencias donde es muy probable que nos pongamos corto, resistencia, y largo, soportes), y encajonado el precio en las dimensiones de 5 m,

3 m y 1 m. Muy bien; ahora nos pondremos en la dimensión de 1 m para recibir al precio a las tres y media.

—¿Cómo sabré cuándo entrar? —preguntó Javier.

—A eso vamos ahora, «pequeño saltamontes» —contestó Roberto.

—Dile cómo se llama el sistema —le dijo Javier a Roberto.

—RSR.

—Roberto Santa Rita, supongo.

—¡Vaya! Ha estado más vivo que tú —dijo Roberto a Javier, que no se dio cuenta en su primer fin de semana de lo que significaban estas siglas.

—Siempre he dicho que Andréu era más inteligente que yo —dijo irónicamente Javier, mirando a su amigo casi sin mover los labios.

—El sistema está basado en dos aspectos importantes. Primero: el 90 por 100 de los novatos pierden el total del capital o se retiran por falta de disciplina en menos de seis meses. Segunda: como os he dicho hace un rato, el comportamiento de salida que más veces se da es el que hemos llamado «no name», es decir, que el precio sale en una dirección determinada y cuando llega a un soporte o resistencia, de las marcadas por nosotros sobre las tres de la tarde, se da la vuelta, para no volver, de un modo más o menos brusco, comenzando una tendencia (alcista o bajista). El sistema tiene dos partes, pero, salvo que haya existido movimiento precedente antes de las tres y media (período *overnight),* nosotros entraremos al mercado con la primera parte del sistema y contrarios a lo que hace el mercado en su inicio, intentando buscar el primer engaño, que se suele dar, un porcentaje muy alto de las veces, en los soportes y resistencias que hemos trazado con mi personal manera de graficar. Pongámonos en situación: tenemos encajonado el precio, este irá hacia arriba o hacia abajo, y mientras no se dirija al soporte o resistencia que tenemos en la pantalla correspondiente a nuestro encajonamiento, nos dará completamente igual; es decir, nos mantendremos totalmente tranquilos y no haremos absolutamente nada. Nos colocaremos en 1 m para recibir la salida y fijándonos en el gráfico del *SPEED,* que nos dará el pistoletazo de salida cuando marque por encima de 600. Este número lo único que nos indica es que tenemos que estar atentos, y estar atentos no quiere decir tener el dedo como Billy el Niño y entrar en ese momento; simplemente nos indica que tenemos que estar atentos.

—Estoy sorprendido; de momento lo comprendo todo.

—Si no entendéis algo, decirlo, por favor —volvió a pedir Roberto.

—Descuida.

—Antes de comentaros cuáles son las condiciones para entrar en el mercado utilizando la primera parte del sistema, recordad que nuestro famoso indicador, al que hemos bautizado para esta jornada con el nombre de *SPEED,* mide la aceleración del volumen de un momento dado a otro. Pongamos un ejemplo: si estamos en la dimensión temporal de 3 m, cada vela japonesa representa los precios máximo, mínimo, de apertura y cierre de esos tres minutos en concreto. Cada vela japonesa, en este caso en 3 m, tiene una correspondencia en el gráfico del *SPEED*, que se encuentra justo debajo del precio, solo en las dimensiones de 5 m, 3 m y 1 m, y que nos indica si ha existido aceleración de volumen o no. Si en la vela de 3 m de las 15:45 se han casado diez mil contratos y en la siguiente vela (15:48) los mismos, aun siendo una cantidad de contrato realmente importante, la aceleración será cero; por lo tanto, la barra del *SPEED* correspondiente a las 15:48 nos indicará que de un momento a otro no ha existido aceleración. Por el contrario, si en una vela de 3 m se han casado cinco mil contratos, menos que en el ejemplo anterior, aunque cantidad respetable, y en la siguiente se casan diez mil, la aceleración para ese período concreto habrá sido muy importante y el *SPEED* subirá, diciéndonos que la gente se está poniendo «cachonda» llevando al precio en un sentido concreto, hacia arriba o hacia abajo.

—Entendido. ¿Cuáles son las condiciones para entrar? —preguntó Andréu ansioso.

—Primera: que el precio se mueva, y moverse en zigzag no lo consideramos moverse. Cuando digo que se mueva es que haga un movimiento en un sentido o en otro de cierta entidad. Segunda: que toque o traspase soporte o resistencia (las marcadas por nosotros al inicio de la sesión). Y tercera: que el *SPEED* esté alto y cayendo. Si se dan las tres condiciones, y se tienen que dar por ese orden, entraremos contrarios al soporte o resistencia hacia el que se haya dirigido el precio. Si se dan las tres condiciones tendremos la posibilidad de realizar una entrada que yo llamo de primera división.

—¿Hay de segunda?

—Y de tercera.

—¿Cuál es la entrada de segunda división?

—Si se dan las condiciones uno y tres, es decir, que el precio se mueva y el indicador esté alto y cayendo.

—¿Cuándo usaremos la entrada de segunda división?

—Contestad vosotros mismos.

—Parece claro que cuando no tengamos soporte o resistencia como referencia —sentenció Javier.

—¡Muy bien, chaval!

—Y, ¿la tercera?

—Es la que llamo «la del vicio», y es cuando se dan uno y dos: que el precio se mueva y toque o traspase soporte o resistencia.

—¿Por qué la llamas así?

—Es la que suelen hacer los novatos en la hora de «la hamburguesa», cuando no hay aceleración de volumen y, por vicio, sienten la «obligación» de darle a la tecla.

—Pero has dicho que en ese horario no tenemos que entrar.

—Exacto; pero veréis que aunque os ponga unas normas concretas: entrar en un horario y no en otro, colocar siempre el *stop,* seguir las normas de gestión monetaria... muchas veces no me haréis caso y haréis oídos sordos a mis consejos. Ya sabéis que el ser humano solo aprende a base de «leches».

—Intentaremos seguir tus enseñanzas y consejos.

—Por todo ello, y repito, salvo que antes de las tres y media haya existido un movimiento, vamos a buscar los engaños desde el inicio de la sesión con las condiciones de la primera parte del sistema, ¿está claro?

—Sí.

—Andréu, ¿cuáles son las condiciones que se tienen que dar para entrar con esta primera parte?

—¿De primera, segunda o tercera división?

—Muy agudo. De primera, por favor.

—Que el precio se mueva, que toque o traspase alguno de los soportes o resistencias por nosotros graficados y que el indicador de aceleración de volumen esté alto y cayendo.

—¡Bravo!

—¿Cómo comportarse ante cada una de las cuatro salidas? —preguntó Javier.

—Muy buena pregunta. Veamos si os habéis enterado de algo hasta ahora. A nuestra primera parte del sistema, ¿cómo le viene la salida «batidora»?

—Ni bien ni mal —dijo Andréu—. Porque al desplazarse en zigzag no se mueve prácticamente, no llega a ninguno de nuestros niveles y, por lo tanto, si el indicador está alto o no, no lo tenemos en cuenta, ya que al no cumplirse ni la primera ni la segunda condición de la primera parte del sistema no entraremos en el mercado y así ni ganamos ni perdemos, la salida «batidora» no tiene ningún interés ni efecto para nosotros.

—¡Impresionante! No sé si soy un magnífico maestro o es que sois unos alumnos aventajados.

—Seguramente ambas cosas —dijo Carmen.

—¿Qué tal nos irá la salida «conejito»? —preguntó Roberto a Javier.

—¡Fatal!

—¿Por qué? —preguntó Roberto, haciéndose el sorprendido.

—Veamos: el precio se mueve, supongamos, hacia arriba; llega una de nuestras resistencias y supongamos que el *SPEED* está alto y cayendo, es decir, se dan las tres condiciones perfectas para hacer una entrada de primera división; y eso hacemos: nos ponemos contra la resistencia, es decir, cortos (por ejemplo, en 1.520). Colocamos nuestro *stop* dos puntos por encima y de sentido contrario (largo en

1.522). Pero como la salida «conejito» es aquella que sale en un sentido, en este ejemplo hacia arriba, y sigue en el mismo sentido sin parar... nos saltarán los *stop*. Si volvemos a hacer lo mismo en la siguiente resistencia, aunque se den todas la condiciones perfectas de la primera parte del sistema, de entrada, nos volverán a saltar. En resumen: esta salida es horrible para la primera parte del sistema, porque nos salta continuamente los *stop*.

—¡Joder!

—Entonces, ¿qué hacemos cuando el mercado sale de esta guisa? —preguntó Andréu—. Estaremos perdidos.

—Tranquilo, todo a su debido tiempo. ¿Qué pasará con la salida «no name»? ¿Alguien se atreve?

—Yo mismo —dijo Andréu.

—Adelante.

—La salida que tú llamas «no name» es aquella en la que el precio sale en un sentido para darse la vuelta con más o menos brusquedad en un soporte o resistencia. Supongamos que el precio sale hacia abajo, se mueve, llega al primer soporte o resistencia y el indicador está alto o cayendo; si todo esto se da, me pondré contrario adonde parece que va el precio, por lo tanto, largo: en 1.510, por ejemplo. Acto seguido le pondré su correspondiente *stop* en 1.508 corto. Si el precio sigue hacia abajo me saltará el *stop* y tendré una pérdida de dos puntos; pero si efectivamente se produce el movimiento típico de la salida «no name», el precio irá hacia arriba, nada más tocar o traspasar el soporte, y comenzaré a ganar. Si en vez de ir a soporte saliese hacia resistencia tendría que hacer lo contrario. Por consiguiente, este tipo de salida, que es la que más veces se da, nos viene fenomenal a nuestra primera parte del sistema.

—Perfecto; vamos bien, chicos.

—Y, ¿«Juan Tamariz»?

—Ya os he dicho que es una variación de la «no name»; se da pocas veces, así que no la tendremos en cuenta.

—Usted manda, señor Santa Rita.

—Veamos qué ocurre y qué tenemos que hacer para solventar la salida «conejito», para la que hemos visto que la primera parte del sistema resulta nefasta, y para cuando nos sentemos a las tres de la tarde a graficar y veamos que ha existido movimiento previo anterior, es decir, en el período *overnight*.

—Me parece fenomenal, porque me he quedado un poco preocupado cuando he visto el resultado de utilizar la primera parte del sistema en ese tipo de salida.

—Confiad en mí —pidió Roberto.

—Descuida, maestro.

—Tanto cuando el mercado sale con la salida tipo «conejito» como cuando ha existido un movimiento previo, como cuando después de hacer un engaño (en la salida «no name») el mercado fabrica una tendencia clara, normalmente desarrollada en cinco movimientos. Los marcados con los números 1, 3 y 5 se llaman «impulsivos», y los 2 y 4 se llaman «correctivos». Los impulsivos, normalmente, vienen acompañados de subidas del indicador de aceleración de volumen, y los correctivos, con descenso. Así que veremos qué hacemos en cada uno de los casos y lo que constituye la segunda parte del sistema. Supongamos que sale el mercado en «conejito» y lo hace hacia arriba: nunca nos pondremos largos mientras el precio sube, es decir, nunca nos pondremos largos ni en 1 ni en 3 ni en 5. Nos pondremos largos en los movimientos correctivos, es decir, en 2 y 4. Lo mismo en este tipo de salida si sale hacia abajo: nos pondremos cortos en los correctivos, es decir, en 2 y 4, nunca en 1, 3 y 5, aunque parezca lo humanamente lógico. ¿Está claro?

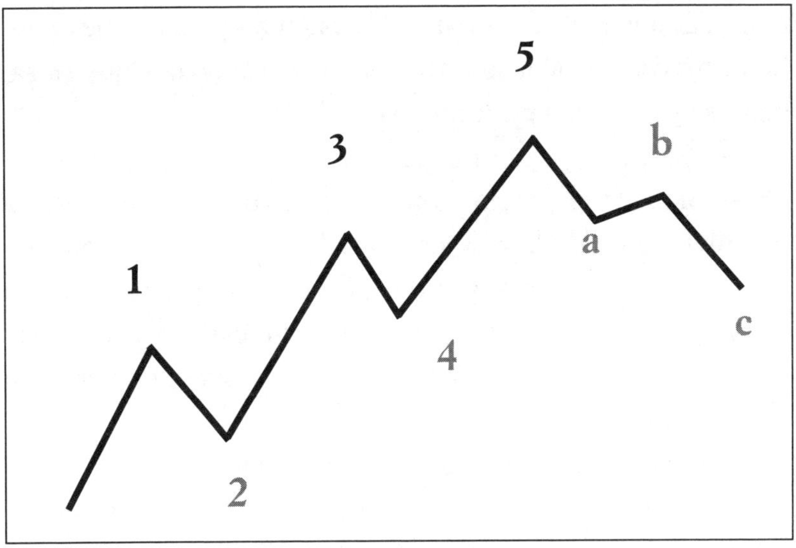

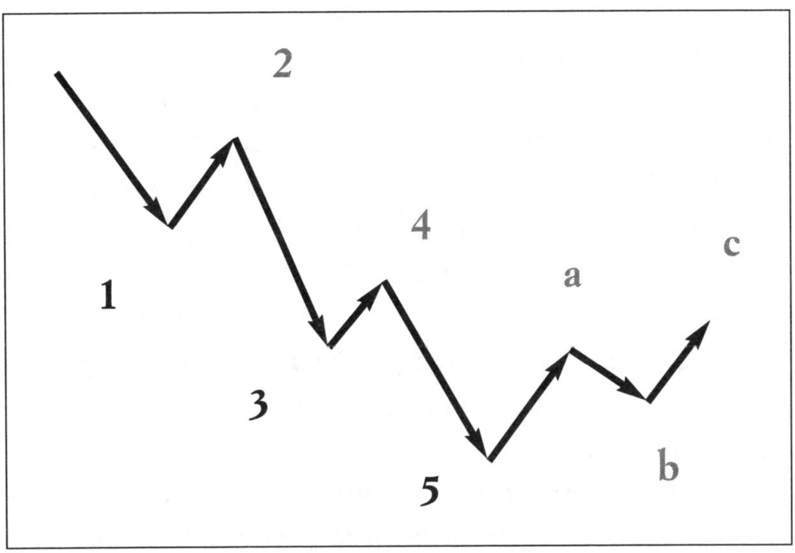

—Sí.

—¿Para qué sirve la segunda parte del sistema si el mercado se inicia con la salida «no name»?

—Ni idea.

—Supongamos que sale el precio hacia abajo con la citada salida y la primera parte del sistema nos dice que cuando el precio llegue a soporte con las condiciones que ya sabemos, ¿cómo nos pondremos?

—¡Largos! —saltaron los tres.

—Bien. Si el precio, como es habitual, va hacia arriba nos olvidamos de la primera parte del sistema y comenzamos a pensar en la segunda. ¿Qué nos dice la segunda cuando se monta una tendencia, en este caso, hacia arriba?

—Que entremos largo en los correctivos, es decir, en los movimientos 2 y 4.

—Pues eso es precisamente lo que haremos.

—O sea, que tenemos un largo colocado en soporte y siguiendo la primera parte del sistema, y ahora cargaremos en el movimiento correctivo número 2 —le tocó ahora el turno a Javier, que no perdía comba.

—Perfecto; y no solo eso, sino que si la tendencia se desarrolla como estamos esperando, tendremos la posibilidad de volver a cargar cuando se dé el segundo correctivo, es decir, el movimiento 4 —añadió Roberto.

—¡Caramba, qué interesante! —exclamó Andréu.

—Pero tengamos siempre en cuenta que es más arriesgado entrar en el correctivo 4 que en el 2, ya que está más próximo al presumible final del movimiento.

—Clarísimo.

—Imagino que no hace falta que explique la situación inversa, es decir, si el precio sale con el tipo «no name» hacia arriba, toca resistencia y se da la vuelta hacia abajo.

—No, señor; está captado el concepto.

—Y, por último, ¿cómo utilizar la segunda parte del sistema cuando se ha producido un movimiento previo antes de las tres y media?

—Usted dirá, porque a mí no se me ocurre nada en absoluto.

—Supongamos que el movimiento previo viene desde las nueve de la mañana y el precio ha descendido diez puntos, desde 1.510 a 1.500, precio que vemos en pantalla a las tres cuando nos disponemos a graficar. ¿Qué pensaremos?

—Que ya esa bajada constituye uno de los cinco movimientos en los que habitualmente se suele desarrollar una tendencia, ¿quizá?

—Sí, señor. Si a las tres vemos este movimiento a la baja que estamos diciendo, lo consideraremos como movimiento 1 y estaremos pensando en entrar con la segunda parte del sistema, y considerando que lo que está ocurriendo a las tres es ya parte del correctivo 2. Como el precio a las tres y media salga para arriba confirmará nuestras sospechas y, ¿nos pondremos?

—Cortos en el retroceso número 2.

—Bien. Si nos equivocamos y el precio sigue hacia arriba, nos saltará el *stop* y santas pascuas; y si sigue hacia abajo será obvio que hemos acertado y, ¿dónde pensaremos en cargar?

—Obviamente, en el movimiento 4, que constituye el retroceso del impulsivo 3.

—Recordad, para asegurar vuestra hipótesis, que los «impulsivos» (tanto si son hacia arriba como si son hacia abajo) van acompañados de subidas del *SPEED* y los «correctivos» con descensos de este. Norma para los novatos (cuando tengáis un poco más de experiencia ya aprenderemos otras tácticas): nunca ponerse largo en barras verdes cuando vemos que el precio sube claramente, ni corto en barras rojas cuando vemos que el precio baja con rotundidad. Es mucho mejor esperar a los retrocesos para ponerse corto en barras verdes y largo en barras rojas.

—¡La madre del cordero! Lo que estoy aprendiendo hoy —dijo Andréu.

—¿Cuánto dinero hace falta para comenzar? —preguntó Javier.

—Al principio, con diez mil dólares es más que suficiente —dijo Roberto.

—No podéis haceros ni idea del tiempo que os están ahorrando estas ideas tan poderosas —sentenció Carmen.

—Y en los laterales, ¿qué hacemos? —preguntó un insaciable Andréu.

—Antes os he comentado que hay una tercera parte del sistema que es la estrategia para aprovechar este tipo de movimientos, pero hoy no los vamos a tratar para que no os volváis demasiado locos.

—¿Qué te parecen los sistemas automáticos?

—Sinceramente, para especuladores individuales sirven para poco.

—¿Para quién sirven?

—Para entidades que gestionan capital de terceros (fondos de inversión, por ejemplo) están muy bien, porque dan una gran cantidad de señales de entrada, y eso significa muchas comisiones extra.

—Nos has dicho cómo entrar en el mercado, pero, ¿cuándo salimos?

—Yo uso tres maneras para salir: si salta el *stop,* si llevo mucho tiempo dentro del mercado y no pasa nada (tener en cuenta que, sobre todo con la primera parte del sistema, vamos a entrar en momentos críticos del mercado, es decir, que supuestamente, desde que entramos, tiene que ocurrir algo con rapidez), y la última, el objetivo conseguido. Es decir, que cada vez que estoy en el mercado me pregunto: ¿Me ha saltado el *stop?* Si te ha saltado, no hay nada que hacer. ¿He conseguido mi objetivo? Si lo he conseguido, fuera del mercado. ¿Cuánto tiempo ha transcurrido desde mi entrada? Si he entrado en un momento crítico y el precio no se mueve pensaré muy seriamente en marcharme. A veces, cuando estoy dentro y no se mueve el precio, me pregunto: si estuviese fuera, ¿tendría alguna razón para entrar? Si la respuesta es no, obviamente, tengo que salir. En estos dos últimos casos relacionados con el tiempo saldré del mercado tanto si tengo un beneficio de 0,5 como si lo es de pérdida. Una vez salgamos del mercado, con beneficio o pérdida, por cualesquiera de las citadas razones, vuelta a pensar, intentando que no nos afecte la última operación, para buscar otra oportunidad de disparar al pato.

Mentalmente exhaustos pero totalmente excitados, mientras salen del «portaaviones» y se dirigen de nuevo al salón, Roberto les dice:

—El entrenamiento aplicando el sistema RSR usando el *SPEED* se hará fuera de aquí, una vez hayamos marcado la fecha límite para conseguir el objetivo de que adquiráis el conocimiento necesario para desenvolveros con soltura y poder dar el paso a operar con dinero.

—Que hoy no toca.

—Exacto.

—¿Marcaremos hoy la fecha de inicio y de fin del proceso?

—Hoy, no.

—Vaya por Dios.

—Antes de que comencemos a hablar de cómo os enseñaría yo, quiero comentaros un tema al que he bautizado: «La inconsciencia del incompetente». Al principio, cuando se comienza a operar, uno es un inconsciente de que es un absoluto incompetente. Después pasamos a ser conscientes de lo incompetentes que somos en esto de los futuros. Transcurrido un tiempo entraremos en el tercer estadio, uno de los más peligrosos, ya que comenzamos a ser conscientes de que somos competentes. Y por último, adonde tenemos que llegar es al estado llamado de inconsciencia competente, que es igual que cuando conducimos un coche: cuando vamos por primera vez a la autoescuela creemos que no vamos a ser capaces de estar atentos a todo: la palanca de cambios, el volante, retrovisores, intermitentes; pero con el tiempo realizamos la acción de conducir de manera competente (unos más que otros) sin darnos cuenta (inconscientemente). A este punto tenemos que llegar en la operativa de futuros.

CURVA DE APRENDIZAJE

- Inconsciencia Incompetente
- Consciencia Incompetente
- Consciencia Competente
- Inconsciencia Competente (driving)

Acción → Hábito → Carácter → Destino

Nada más sentarse en el salón, el primero en tomar la palabra al salir fue Andréu Malfiat:

—Sinceramente, Roberto, estoy exhausto, sorprendido; mi cabeza va a cien y el corazón ni te cuento. Me has terminado de impresionar y quiero decirte una cosa…

—Adelante.

—Me acabas de convencer. Desde este preciso momento quisiera pediros un favor.

—Díganos, señor Malfiat —propuso Javier Martos.

—No me volváis a llamar incrédulo. Me acabo de convertir.

Todos, incluido Roberto, comenzaron a aplaudir.

—Si te pidiese que me enseñases, ¿QUÉ PASOS SEGUIRÍAMOS? —preguntó Andréu absolutamente entregado.

—¡Eh!, yo tengo pedida la vez; estoy antes que tú, y, además, desde hace un año exactamente —exclamó Javier.

—¡Ja, ja, ja! —rió a carcajadas Carmen—. No os peleéis.

—Bueno, que lo cuente para los dos —sentenció el hasta hacía poco «incrédulo».

—Por seguir mi filosofía de la vida, iremos contracorriente: primero la práctica y después la teoría. Hace un momento hemos visto los aspectos prácticos más importantes y la teoría la iremos viendo poco a poco.

—Me parece perfecto —dijo Andréu.

—Primero nos marcaríamos un tiempo concreto para conseguir el primer objetivo que es: alcanzar un cierto nivel.

—¿Cuándo sabremos que lo hemos alcanzado?

—Cuando lleves trescientas o cuatrocientas operaciones simuladas, de las que, mínimo, un 70 por 100 sean positivas.

—Y el 30 por 100 negativas, ¿no?

—Exacto.

—Parece duro fallar tantas veces.

—Vete mentalizándote para ello —aconsejó Roberto a Andréu.

—De acuerdo.

—Además tendremos que llevar un estricto control sobre la media de puntos por contrato de las operaciones positivas y negativas. Cuando llevéis, más o menos, ese porcentaje de operaciones positivas del total, y además la media de puntos de las operaciones positivas sea superior a la media de puntos de las negativas, estaremos listos para dar el paso al ruedo, dando siempre por supuesto que respetéis el *stop* de protección y las reglas de gestión monetaria.

—¿Cuánto tiempo se tarda desde que se inicia la formación hasta que se puede operar con dinero?

—¡Qué impacientes! Yo tardé, como bien sabéis, cerca de dos años; pero creo que podríamos conseguirlo entre ocho y diez meses.

—¡Oído cocina! —exclamó entusiasmado Javier.

—Primera fase: haríamos cuatro sesiones primeras (de tres a cinco de la tarde o hasta que veamos que ha comenzado la hora de la hamburguesa), más o menos como hemos hecho hoy, pero con el simulador; seréis vosotros quienes realizaréis las operaciones (con el sistema de inversión que utilizo y que os he enseñado), solitos; yo solo os iré analizando y dando ciertos consejos, la mayoría de las veces para intentar confundiros. Segunda fase: después de esas primeras cuatro sesiones conmigo, cada uno se irá a su casa y operará durante la semana (hasta el fin de semana no podréis tener contacto conmigo). A una hora concreta del sábado nos conectaremos por Internet y me diréis, una a una, vuestras operaciones de la semana; las corregiremos (comentaremos lo que se ha hecho bien, si se han respetado el *stop* y la gestión monetaria; veremos el ratio de operaciones positivas/negativas y de puntos ganadores/perdedores, y, sobre todo, los fallos, con el objeto de ir subsanándolos), os enseñaré a detectar vuestras dudas y así iréis mejorando vuestro *trading* y aprenderéis a entender el porqué de muchas cosas. Tercera fase: una vez al mes conectaréis conmigo a las tres de la tarde para graficar y, acto seguido, operar juntos cada uno desde su casa y conectados por algún programa de voz IP. Así lo haremos hasta llegar al objetivo. Cuarta fase: una vez hayáis conseguido el nivel (nuestros ratios nos lo dirán) y dos semanas antes de comenzar a operar con dinero, os enseñaré el simulador del *broker* para que os vayáis habituando a la plataforma de operaciones. Una vez dominéis la plataforma del *broker*... ¡a jugar! Si alguna semana vais mal, vuelta al simulador unos días hasta que volváis a la senda de las operaciones positivas. Quinta fase: cuando lleguéis a este nivel os soltaréis de mi mano y volaréis solos. ¿Os parece bien?

—¡Joder!, me parece fantástico.

—Además os daré algunos libros para que vayáis leyendo por el camino.

—Eso me interesa.

—A partir de ese momento el éxito está en vuestra mano —concluyó Roberto.

—Estoy convencido del todo y quiero empezar el proceso cuanto antes —dijo Andréu.

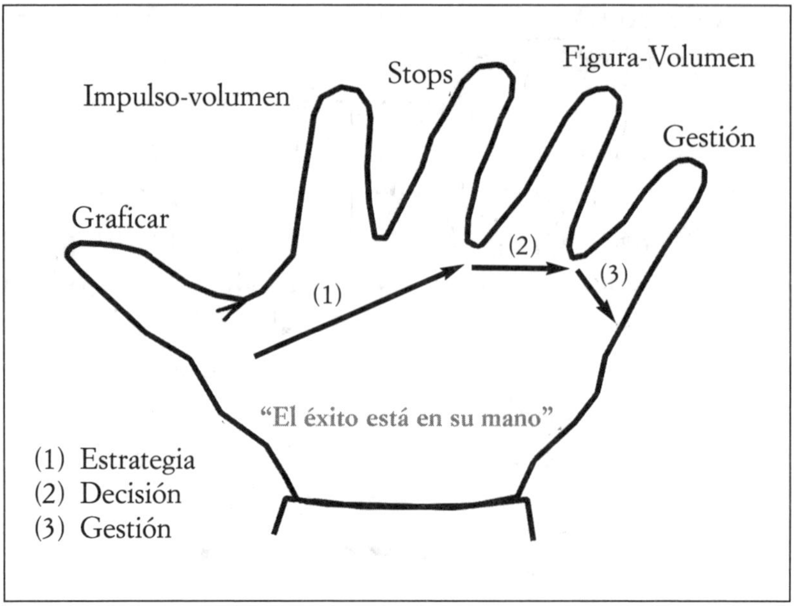

—Ya hablaremos —dijo Roberto, zanjando la situación.

—Por curiosidad, y perdona la desconfianza: supongamos que no quiero realizar la formación contigo o quiero buscar otra complementaria: ¿qué requisitos tengo que pedirle a un curso para que me resulte interesante y poder aprovecharlo convenientemente?

—No te preocupes por la desconfianza. Imagina que vas a una escuela para aprender a pilotar una avioneta y te dijesen el día de matricularte que vas a tener ciento veinte horas teóricas, pero que no harás nada con el simulador de vuelo y mucho menos salir a volar con la avioneta, ni siquiera con instructor; ¿qué te parecería?

—¡Una basura! Cómo voy a aprender a pilotar una avioneta solo con la teoría.

—¡Exacto! Tú solo has respondido a la pregunta que me acabas de formular.

—Y, ¿cómo sabré que he encontrado un buen lugar? ¿Qué requisitos tiene que reunir la formación? —volvió a repetir Andréu.

—Como en el caso de la avioneta, y a ti que te gustan tanto las «preguntitas», tendrías que hacerle las siguientes a los responsables del curso. Son tres. Primera: ¿enseñan ustedes un sistema de inversión concreto? Segunda: ¿podré probar en tiempo real el sistema que usted me enseña durante la formación? Y tercera: ¿tendré algún tipo de tutoría o seguimiento después del curso por parte de su equipo docente para acompañarme desde que salga hasta que acabe mi formación?

—Entendidas las preguntas —dijo el hasta hace nada incrédulo.

—Si alguna de estas tres preguntas recibe un no por respuesta, busca otro lugar que reúna las condiciones, ya que la formación que allí recibas no te servirá para nada. ¡Ah, y vuelve corriendo aquí!

—¡Ja, ja, ja! —rió la visita.

—Una formación con gráficos de cotizaciones con precios estáticos no sirve para nada.

—¿Por qué?

—Es muy fácil con un gráfico estático decir: «Aquí hubiese comprado en el punto más bajo, y aquí hubiese vendido en el más alto». Y como suelo decir a veces: «Si mi abuela tuviera cojones sería mi abuelo, pero no tiene». ¡Dejémonos de hubieras y hubieses, y vamos a hacer! Cuando te pones delante de una pantalla para operar, arriesgando tu dinero y siendo tú el único responsable de todo lo que ocurra, la yugular, por lo menos al principio, se te pone a doscientas pulsaciones, y eso hay que sentirlo. El resto no sirve de nada.

—Al margen del trabajo, o mejor dicho, actividad, como te gusta decir a ti, una de las cosas que más me atrae de todo lo que estamos hablando, y ahora me doy cuenta del meollo de la cuestión de lo que le transmitiste a Javier la primera vez que estuvo aquí, es tu filosofía: no solo estamos hablando de ganar dinero para conseguir la independencia financiera, sino de ser rico en tiempo y dinero. ¡Me encanta tu filosofía de vida! —concluyó Andréu Malfiat.

—Me alegra enormemente.

—Hoy he visto que se puede hacer, requiere su tiempo y sobre todo la determinación; pero es posible, y eso es lo más importante para mí.

—¡Qué te voy a decir yo! Para mí esta filosofía es la correcta, aunque lógicamente cada cual puede hacer lo que quiera.

—Si aprendo tu sistema de inversión, ¿es seguro que consiga el objetivo?

—Por supuesto que no; jamás he dicho semejante cosa. El ser humano escucha solo aquello que quiere y le interesa. Así que para ti y para todos aquellos a los que se lo hayas dicho es completamente falso. De vez en cuando conviene lavarse las orejas con jabón.

—¡Ja, ja, ja!

—El sistema de inversión es una parte del éxito: con el mismo sistema una persona puede hacerse rica y otra arruinarse.

—¿Por qué si es tan magnífico el mercado de futuros no hay tanta gente como en la Bolsa?

—En primer lugar, es una cuestión de información y conocimiento: no puedes hacer algo que no conoces (hay mucha gente que ni siquiera ha oído hablar de ello y la mayoría de los que han oído algo acerca del tema, no te preocupes que ya se encargan los medios y las entidades financieras de desanimarles diciéndoles el grandísimo riesgo que asumen). En segundo lugar, la mayoría de las personas particulares que entran en el mercado de acciones no saben por qué lo hacen, no saben cómo funciona realmente el juego y cuando alguien les comenta que existe una cosa que se llama futuros, entre que se sienten inseguros y lo que oyen en los medios, deja a la mayoría de ellas sin poder degustar ese gran bocado.

—¿Cuál es el punto oscuro de los futuros?

—No hay ningún punto oscuro.

—¿Qué hay que hacer si después de los ocho-diez meses de aprendizaje no se tienen los resultados que has apuntado como objetivo?

—Si tienes una buena tutorización, yo diría que es imposible; pero si así fuese habría que plantearse que quizás ese no es nuestro camino, sin olvidar jamás una cosa: el ser humano hace todo aquello que quiere, y si no lo hace no es porque no puede, sino porque no quiere. Es muy importante el cómo se acerca esa persona a los futuros: si se acerca solo pensando en el dinero y con prisas, mal tema. Por el contrario, si tiene un buen maestro con ganas de enseñar (figura típica en el mundo oriental y denostada por algunos en el occidental), que le acerque a ese fascinante mundo, se centra en el camino y en el proceso, el dinero y la realización personal llegará.

—¿Y no puede conseguirlo uno por sí mismo, sin ayuda de nadie?

—Imposible no hay nada en la vida, pero aprender a operar solo es realmente complicado, y si no mírame a mí. Si hubiese tenido a alguien que me hubiese ahorrado los primeros cuatro o cinco cabezazos del principio, todo hubiese sido más fácil.

—¿Qué debo tener en cuenta a partir de ahora?

—Mucha gente piensa que no tiene dinero para comenzar este proceso. No hace falta mucho dinero para ganar cantidades interesantes; lo que realmente hace falta es tener el conocimiento necesario. No hay excusas: el dinero no es el impedimento; el conocimiento es el impedimento.

14
¿CÓMO HAGO MI PLAN DE PENSIÓN PRIVADO?

¿Qué te parece la inversión en acciones? —es la pregunta que aparece en la tarjeta número once.

—¿Por qué has pensado en hacerme esta pregunta?

—Porque parece que no te guste este tipo de inversión.

—Nada más alejado de la realidad; lo que ocurre es que, bajo mi punto de vista, con todos los tipos de inversiones que los diferentes mercados del mundo nos ofrecen, tenemos que saber cuáles, cómo, para qué y en qué momento utilizarlas.

—Veamos cómo resolvemos todas estás cuestiones, señor Santa Rita —dijo Carmen.

—Una cosa es inversión (cuando se usa esta palabra se piensa en el largo plazo) y otra especulación (para conseguir la mayor rentabilidad posible en el menor espacio de tiempo). Aunque, como ya hemos visto con anterioridad, la mayoría de las personas que entran en acciones, sepan o no las cuatro condiciones para entrar con garantías en este mercado, lo hacen con la idea de especular, es decir, intentando conseguir el mayor beneficio en el menor tiempo posible. Pero, ¿qué es lo que ocurre realmente la mayoría de las veces? Os lo diré: casi todas las personas que se aventuran lo hacen, sin conocer esas cuatro características, casi siempre tarde, en la cresta de la ola. Y entonces ocurre lo inevitable: las acciones, desde el preciso momento en que las compramos, esperando obtener un rápido beneficio, comienzan a caer y el especulador que éramos al entrar en el mercado se convierte en un inversor a largo plazo, momento en el que usamos la famosa frase justificativa de: «Es que es una gran empresa que va a dar beneficios y, por lo tanto, obtendré dividendos».

—Alguna que otra vez me ha pasado —dijo Andréu, resignado.

—No nos engañemos. Cuando compramos acciones lo hacemos con la idea de venderlas con beneficio cuanto antes y no esperando qué dividendos obtendremos a final de año, aspecto, el dar beneficios, que depende totalmente del mandatario de dicha empresa, que, sin problemas, puede decidir no dar beneficios, aunque la empresa los obtenga año tras año. ¡Dejemos de decir tonterías! Creo que he dicho muchas veces que la cotización de una determinada acción no tiene absolutamente nada que ver ni con la economía ni con la marcha de esa compañía. ¡La Bolsa no funciona así! Cuanto antes lo aprendamos, mejor.

—Lo tendré en cuenta.

—El conocimiento de cómo funcionan los futuros, además de para especular (ganar dinero y acercarnos al objetivo), nos servirá para analizar las acciones que serán parte importante de nuestro plan de pensión privado y que nos hará llegar a la cifra, en el tiempo que sea, que supone nuestro GRAN CAPITAL. Repito: el conocimiento adquirido en la graficación en futuros y su operativa en general nos servirá para conocer los momentos para entrar «largos» en acciones.

—¿Cuáles son esos momentos?

—En los momentos al final de una caída a determinados soportes o cuando se encuentran en el incipiente ascenso desde estos, de una manera tranquila

—O sea, ¿que usaremos las acciones en nuestro plan?

—Sí; de manera diferente a como te imaginas, pero sí, nos ayudarán a ir creando nuestro plan de pensión privado. ¿Parece complicado? Pues no lo es tanto.

—En principio, al ser una forma de actuar tan diferente a lo habitual, sí, me resulta raro —dijo Andréu.

—¿Qué tendremos que hacer para realizar nuestro plan propio? —preguntó Javier.

—Imagino que cambiar las condiciones de un plan de pensión convencional —se adelantó Andréu.

—¡Bravo! Eso es justamente lo que vamos a hacer. Por supuesto, parto de la base de que ya habéis «sufrido» el calvario que supone la formación en futuros y, por lo tanto, ya tenéis los conocimientos necesarios.

—Mucho supones tú me parece a mí —dijo, jocoso, Javier.

—El citado aprendizaje, aunque ahora no lo veis, os supondrá la formación necesaria para realizar todo lo que os voy a comentar en breve. ¡Creedme!

—Como tú digas. Yo por lo menos lo creo —dijo Andréu.

—Veamos qué es, cómo funciona y las características principales de un plan de pensión convencional, y así, a partir de ahí, sabremos qué cambiar para fabricar el nuestro, que sin duda va a ser más eficiente.

—¡Vamos allá! —exclamó Andréu Malfiat.

—Primero: un plan de pensión básicamente es igual que un fondo de inversión (un grupo de gestores de una entidad trabajan con el dinero de que disponen con la idea de conseguir la «máxima» rentabilidad para que cuando llegue el momento, después de muchos años sin poder disponer de ese dinero que está inmovilizado, lo retiremos de una sola vez o por partes). Segundo: al entrar en él, las cantidades aportadas tendrán un pírrica deducción en nuestra próxima declaración de la renta del ejercicio en curso y a realizar en junio del año siguiente (aunque sea el argumento más importante que esgrimen las entidades para captar incautos al final de cada año y que sin duda, y a tenor de las cifras, es el que más convence al respetable). Tercero: el dinero estará inmovilizado durante largo espacio de tiempo; por lo tanto, no tendremos ningún control sobre él. Además de esta cuestión, suponemos que está en «buenas manos» y que obtendremos una rentabilidad interesante. Cuarto: la fiscalidad al final, en el momento del rescate, será casi la misma que la del impuesto sobre la renta de las personas físicas (el impuesto más alto que, hoy por hoy, se paga en España). Quinto: igual que ocurre en un fondo de inversión, nos cobrarán todos los años las comisiones «pertinentes», pero los planes de pensiones convencionales tienen una sutil diferencia en relación a los fondos de inversión… —pareció concluir Roberto, dejando la frase en el aire.

—¿Qué diferencia? —preguntó Andréu, ansioso.

—Mientras en un fondo de inversión podemos entrar y salir con rapidez y casi en el período de tiempo que deseemos, en un plan de pensión convencional, no; solo lo podremos retirar cuando nos jubilemos o, Dios no lo quiera, cuando suframos una incapacidad total. ¿Os hacéis una pequeña idea, recordando la historia de Miami, de las comisiones que nos pueden cobrar en veinte o treinta años? ¿Os hacéis una ligera idea del impacto que pueden tener esas comisiones en nuestra rentabilidad final?

—¡Vaya, me estás haciendo polvo!

—Así es la vida. Hay que conocer cómo funcionan las cosas para saber qué decisión tomar, ya que si no disponemos de ese conocimiento estamos igual que si vamos conduciendo por una carretera comarcal llena de curvas en una noche cerrada y, de repente, se nos funden todas las luces del coche: ¡ciegos!

—Y, ¿cómo pretendes dar la vuelta a esa situación para construirnos nuestro plan privado? —preguntó Andréu, al que le había vuelto durante una milésima de segundo su incredulidad inicial.

—La tarjeta número doce dice así —se adelantó Carmen—: «¿Es cierto que puedo hacer mi propio plan de pensión privado?» —leyó Carmen.

—Sí, señor, eso dice. ¿Cómo lo hago? —preguntó Andréu Malfiat.

—¿De qué tienes miedo?

—No tengo miedo.

—Es lo que percibo —dijo Roberto.

—Siempre que vamos a hacer una cosa que no controlamos tenemos dudas.

—Cierto. El ser humano odia la incertidumbre y ama la aparente comodidad, pero verás que en este caso no hay tal incertidumbre. Lo único que tendremos que hacer es cambiar un poco de forma de pensar.

—En ti confiamos —dijo Javier.

—Incluso será divertido —replicó Roberto.

—¡Vamos a divertirnos!

—Os voy a enumerar las ventajas que tendrá nuestro plan respecto a uno convencional. Primera: tendremos menor impacto fiscal (pagaremos menos impuestos). Segunda: ausencia de comisiones; su importe será despreciable. Tercera: tendremos a nuestro favor el coste de oportunidad que supondrá la no inmovilización del dinero; es decir, lo podremos utilizar cuando queramos, sobre todo previendo una posible contingencia (cuestión nada baladí en tan largo período de tiempo).

—Suena bien —dijo Javier.

—¿Te has parado por un momento a pensar qué rentabilidad tendría que obtener un plan de pensión convencional para igualar o batir a nuestra opción?

—*A priori,* no hay color.

—Iniciaremos este tema con una frase del verdadero maestro, ¿que es?

—¡André Kostolany!

—«Compra acciones, échate a dormir durante treinta años y te levantarás millonario». ¿Qué os parece si seguimos este sabio consejo?

—Si vamos a terminar millonarios, será un placer —contestó Javier.

—Por mí, perfecto.

—Pues no. Lo seguiremos en parte.

—No le haré ascos a ser millonario en parte —dijo Andréu, chistoso.

—Vamos a distribuir nuestras inversiones en cuatro bloques (que pagarán como máximo la cantidad mínima de impuestos que hoy día se puede pagar en España: el 18 por 100).

—O sea, que solo haremos cuatro tipos de inversión.

—Solo cuatro, aunque sería más exacto decir que utilizaremos cuatro tipos de productos.

—¿Cuáles son los bloques?

—Tener en cuenta una cosa: en vuestro caso desde el principio podréis, ya que conozco más o menos vuestra situación patrimonial, aportar cantidades a todos los bloques, pero en el caso de que algún amigo vuestro que quiera emprender el camino no pueda, no importa. Todo tiene solución.

—En esta casa todo tiene solución —dijo Javier.

—Todo tiene solución, menos la muerte, no lo olvides —añadió Carmen.

—¡Roberto! —le llamó la atención su media naranja—. ¡Los cuatro bloques!

—Siguiendo la máxima a la que hago caso desde hace años de: «Lo simple es bello», así vamos a actuar. Con los vastos conocimientos que tenemos haremos los siguientes bloques. Primer bloque: cuenta de «alta remuneración»; en ella tendremos siempre en liquidez el equivalente a nuestros gastos necesarios para seis meses. Segundo bloque: los futuros (comenzaremos con una cantidad entre 12.000 y 18.000 euros con la idea de especular, ganar dinero, tanto si el mercado sube como si baja). Al principio, y siguiendo la fórmula de gestión monetaria (explicada cuando hemos hablado de los futuros), iremos aumentando el número de contratos en juego (llegará un momento en que nos dará igual operar con dos contratos que con diez: todo depende de lo que nos ordene hacer la dichosa fórmula).

El remanente que vayamos consiguiendo en este bloque irá a los otros tres bloques. Tercer bloque: las acciones (nos servirá, utilizando lo aprendido en la operativa en futuros, para identificar el momento de compra con la intención de no tocarlos en mucho tiempo). La inversión en acciones a largo plazo será, junto con la renta fija (cuarto bloque), donde irán a parar todas las cantidades generadas por los futuros y que no vayan al bloque uno. En resumen: iremos incrementando los bloques tres y cuatro, gracias al aumento de los contratos en la operativa de futuros, hasta que lleguemos al GRAN CAPITAL, que es nuestro objetivo. Habrá momentos especiales (cuando el mercado de acciones esté en la cresta de la ola y hasta los limpiabotas están pensando en comprar acciones de tecnología) en que parte del capital proveniente de los futuros, y que tendría que destinarse mensualmente a la compra de acciones, permanecerá en el bloque uno, en liquidez, esperando mejor momento para realizar la inversión en acciones.

—Cuenta la historia de Rockefeller —le conminó Carmen.

—Dicen que un día estaba el millonario Rockefeller con su limpiabotas y este le aconsejó qué acciones tenía que comprar. Cuando el millonario subió a su despacho lo primero que hizo fue vender todas las acciones que le había aconsejado su fiel limpiabotas, acuñando la famosa frase: «Si hasta un limpiabotas está pensando en comprar es que ya lo sabe todo el mundo». Lo que viene a decir que algo que ya sabe todo el mundo ya no tiene la menor utilidad.

—Prosigamos.

—Cuarto bloque: productos en renta fija a largo plazo de buena calificación y que nos permita estructurar un producto para aprovechar la capitalización compuesta (que nos paguen intereses sobre intereses). Esto no le gusta nada a los bancos y, a no ser que seas muy pesado, juran y perjuran que no es posible.

—Está bastante claro.

—¿Cómo seleccionamos las acciones a comprar?

—¿En España?

—Por supuesto.

—El resto del mundo también existe.

—Se me antoja que será demasiado caro.

—Es incluso más barato y además puedes ponerte corto con la misma facilidad que en futuros, pero... como no va a ser parte de nuestro plan, lo olvidamos.

—Responde a la pregunta de Andréu —apuntó Carmen.

—Para buscar acciones para nuestro bloque número tres tomaremos, en caso de que deseemos comprar solo acciones españolas, solo las que formen parte del Ibex 35, eliminando las constructoras. El último fin de semana de cada mes analizaremos los gráficos de todas las acciones del citado índice que hayamos decidido, y en cinco minutos (con nuestros conocimientos adquiridos en futuros) nos daremos cuenta de si hay alguna a punto de caramelo. Si no hay ninguna, mantendremos el dinero en liquidez (bloque uno) hasta el siguiente mes. Con esta estructura de los cuatro bloques conseguimos mejor fiscalidad (le damos una paliza a un plan de pensión convencional), liquidez absoluta, control sobre la inversión y un coste de oportunidad incalculable, y seguro que en valores netos obtenemos muchos mejores resultados.

—¿Qué debo tener en cuenta a partir de ahora en estos temas?

—Creo que lo sé —dijo Javier.

—Contesta, «pequeño saltamontes».

—Debemos tener en cuenta absolutamente todo.

—Llegarás lejos —dijo Roberto, al borde de la carcajada.

15
¿QUÉ PASOS TENGO QUE DAR?

Roberto, ¿podrías hacer un breve resumen de los pasos que hay que dar? —pidió Carmen.

—Claro que sí: 1) Tener clara la idea: parece sencillo, pero a la mayoría de la gente que le dices qué quieren no sabe contestar. Es necesario creer firmemente en lo que vamos a emprender, saber que habrá momento duros, mas si somos disciplinados y tenemos determinación lo conseguiremos. 2) ¿Cuál es mi punto de partida? Ser conscientes de lo que se tiene y deshacerse de todo aquello que estorbe, cuanto más mejor. 3) ¿Adónde vamos? Determinar claramente el objetivo: no tener prisa en este punto; sentaos tranquilamente, tomaos vuestro tiempo, soñad y marcad los materiales e inmateriales y un plazo para cumplir cada uno de ellos. 4) ¿Qué plan voy a seguir? Tener claro que el dinero tendrá que trabajar para mí, saber con claridad qué productos financieros voy a usar. 5) ¿Cómo me formo para acometer todo esto? Es evidente que os tenéis que formar en futuros y ya os he dicho las características mínimas que tenéis que pedirle a alguien que pretenda formaros. Tened en cuenta que esta formación os va a ser de muchísima utilidad a la hora de realizar otro tipo de inversiones; por ejemplo, en acciones. 6) ¿Dónde, cómo, con quién emprendo el camino?: una vez haya hecho limpieza y sepa dónde voy a vivir, con quién, cómo va a ser la nueva rutina de mi vida, emprender el camino. ¡No te desanimes, habrá de todo! 7) ¿Qué haré cuando llegue (con el dinero y con el tiempo)? En mi caso, el GRAN CAPITAL se colocó en una renta fija a largo plazo (que renta la cantidad que me marqué en su día) y dejé una cantidad para volver a empezar operando en futuros.

—Señor Santa Rita, a mí me ha quedado todo claro —dijo Andréu.

—¿Por qué no enseñan todo lo que hemos tratado esta tarde en las escuelas? —preguntó Javier.

—Bajo mi punto de vista, son ideas muy potentes, una bomba de relojería. Hace unos meses leía un titular de un diplomático inglés que decía: «El capitalismo y la democracia son las estrategias más fáciles y efectivas para manejar a la masa que se han inventado, mucho más que el fascismo».

—Sería demasiada información al alcance de la plebe —dijo Javier.

—Todo se andará; pero, hasta entonces, tengo intención, la firme idea de crear una academia, como si fuese de inglés, en principio dirigida hacia chavales jóvenes, pero que no cerrará la puerta a personas de todas las edades.

—Muy interesante.

—¿Alguna idea brillante más? —preguntó socarronamente Javier.

—Sí.

—Sorpréndenos.

16
Los libros de mi vida

¿Puedes recomendarme algún libro para iniciarme? —leyó Carmen la pregunta contenida en la tarjeta número trece.

—Haré mucho más que eso. Os haré una oferta única.

—Usted dirá, señor Santa Rita.

—¡Acompañadme a la biblioteca!; os enseñaré los libros de mi vida, los que han tenido mayor importancia desde que decidí iniciar el camino y hasta el día de hoy.

—¡Joder! Este tío es impresionante —dijo Andréu en voz baja para que solo Javier pudiese oírle.

—Ya te lo dije —le contestó su amigo.

—Sí, señor.

—Observo que hay menos libros que la primera vez —dijo Javier al entrar por segunda vez en el día en esa estancia.

—No sé dónde leí que para leer mucho hay que tener pocos libros —dijo Roberto.

—Lo dijo Unamuno o Valle-Inclán, no estoy seguro —comentó Andréu.

—Al leerlo pensé que tenía mucha razón. Hice una selección, llamé a un librero que sabía que los compraba al peso y he conservado solo los imprescindibles. Intentaré haceros una selección digna.

—¡Adelante!

—Tomaré nota —dijo Andréu Malfiat

—Os aviso: el orden en el que os los voy a mostrar no es ni por importancia ni por el que fueron leídos. Vamos allá.

—Eso, vamos a ver si, como has dicho antes, nos sorprende la selección que nos tienes preparada.

—Estos son: *El fabuloso mundo del dinero y de la bolsa,* de André Kostolany: para mí, uno de los primeros que leí y sin duda el más importante; *Un paseo aleatorio por Wall Street,* de Burton Malkiel; *El placer de no trabajar,* de Ernie J. Zelinski; *Libre de impuestos,* de Paul Erdman; *La Antidieta,* de Harvey y Marilyn Diamond; *La Zona,* de Barry Sears; *La Bolsa o la vida,* de Joe Domínguez y Vicky Robin; *The Alchemy of finance,* de George Soros; *Contrarian Investments Strategies,* de David Dreman; *El inversor inteligente,* de Benjamin Graham (maestro de Warren Buffet); *Master the markets,* de Tom Williams; *Psicología de masas,* de Le Bon; *El juego del león,* de Nelson Demille; *Fractales y Finanzas,* de Benoit Mandelbroot; *El juego de los abalorios,* de Herman Hesse; *El arte de simplificar la vida,* de Dominique Loreau. Creo que con estos es más que suficiente.

—Estoy absolutamente sorprendido —reconoció Andréu, y por la cara de Javier parecía ser de la misma opinión.

—¿Por qué?

—Pensaba que todos iban a ser relacionados solamente con las inversiones y eminentemente técnicos.

—La mayoría de la gente está totalmente equivocada: se necesitan más libros relacionados con aspectos distintos a temas financieros porque, como decía André Kostolany, ¿os he dicho alguna vez que es mi ídolo?

—Alguna que otra vez —dijo socarronamente Javier Martos.

—¿Qué decía?

—«No es lo mismo financiero que especulador». ¿Qué somos nosotros?

—¡Especuladores!

—Exacto.

17
DESAPARECIENDO

La gente busca la piedra filosofal, y esta no existe; habéis aprendido muchas cosas y sé que las utilizaréis, pero ni por asomo penséis que estáis preparados y mentalizaos de que el premio es maravilloso, mas el camino es duro y depende solo de vosotros que lo recorráis bien o no. Os he dado muchas claves, fundamentalmente para ahorraros los primeros golpes tontos, pero que hacen mucho daño a nuestra mente. Debéis seguir el camino que os he dicho.

—Lo tenemos claro.

—¿Sabéis todas las cosas que se pueden saber de una persona con solo unir su nombre y apellido a su dirección real? —preguntó Roberto, cambiando de tema.

—Ni idea.

—¿Qué os parecería si una vez consigamos el objetivo desapareciésemos al lugar donde siempre hemos soñado…

—¡Ahora sí, ahora vienen las estructuras fiscales! —exclamó Javier.

—Que os parece si, una vez hayamos conseguido el objetivo y tengamos lo que queremos, utilicemos los conocimientos para desaparecer de donde todo el mundo piensa que estamos, no poseer nada...

—Me estás poniendo nervioso; excitado, más bien —dijo Javier.

—Sería fantástico. ¿Cómo lo haríamos? —preguntó Andréu.

—Sé lo que va a ocurrir ahora —dijo Javier.

—¿Qué va a pasar? —preguntó Andréu.

—Que nos va a dejar con la miel en los labios y tendremos que volver otro día.

—¡Exacto! Hoy es sábado y, como de costumbre, Carmen y yo tenemos reservada mesa con nuestro amigo el arquitecto y su mujer; son ya las siete de la tarde y quiero estar sentado delante del «chuletón» a las ocho en punto.

—¿Qué hay de la avioneta? —preguntó Javier

—He empezado las clases.

—¿Me darás una vuelta?

—Si te atreves.

—Por supuesto.

—Ha sido un placer, Roberto —dijo Andréu Malfiat—. Vine escéptico, incrédulo, sin saber, sin información, indocumentado, salvo lo que me contó Javier, y... reconozco que hacía mucho tiempo que no aprendía tanto en tan poco tiempo. ¿Puedo volver?

—Ya veremos.

—¡Volveremos! —amenazó Javier.

—Por cierto, Andréu, tengo un «recado» para algunos amigos del foro de Internet que sueles frecuentar, espero que hasta hoy, para intentar resolver tus dudas sobre inversiones en general. Primero: diles que no se preocupen por lo que hago o digo, que se preocupen en conseguir el objetivo que, obviamente, no han conseguido y que dediquen su tiempo a construir y no a destruir. Si opinan que mis conocimientos son de bajo nivel para ellos tendrían que olvidarme por completo, ya que no soy importante. Me viene a la mente una frase que le dije a Javier el día que nos conocimos, que dice algo así: los mediocres («de calidad media tirando a malo», según el Diccionario de la Real Academia de la Lengua Española) son aquellas personas que critican a otras (los excelentes) por las acciones que llevan a cabo y que ellos no son capaces de realizar. Es decir, los del foro que frecuentas, y escudándose en un *nick,* critican a gente como yo por enseñar cosas que ellos no pueden hacer, pero pretenden hacer: esos sí son fantasmas. Mi madre siempre me ha dicho desde pequeñito que me fije en los que son mejores que yo, en los que saben más, y nunca en los que son peores. ¿Sinceramente piensas que alguien que ha conseguido su objetivo y realmente quiera enseñar va a perder su tiempo escribiendo en un foro para dar consejos de pacotilla? ¡No me hagas reír!

—Para nada —dijo Javier.

—Yo estaría dispuesto a hablar con cualquiera de ellos, en persona, para ver si son capaces de argumentar esas críticas, y hablarles de mi experiencia, si es que realmente están interesados y vienen poco informados. Y, por último, diles que no se debe criticar lo que no se conoce ni a quien no se conoce. Si quieren debatir conmigo estoy a su entera disposición, como lo he hecho contigo.

—Alguien que se escuda tras un *nick* no creo que se atreva a venir aquí —sentenció Andréu—. Sinceramente, después de estar aquí, no creo que vuelva al foro; y para tu tranquilidad, aunque ya lo sabes, tienen un nivel muy inferior al tuyo: no tienes ni para empezar, te los meriendas en dos sentadas. Tenía que decírtelo.

—Muy agradecido, señor Malfiat.

—Como te decía, volveremos —dijo Javier.

—Avisadme con tiempo, aunque quizá la próxima vez sea yo el alumno.

—No sé por qué me da la impresión de que no será fácil.

—¿Cómo puedo realizar una estructura fiscal y minimizar el pago de impuestos? —preguntó un atrevido Andréu Malfiat.

—Son dos preguntas en una, y ese sí que es tema para otra ocasión; pero, Javier, no me traigas más gente, que esta casa va a terminar por ser la «Fonda del Sopapo».

—¡Ja, ja, ja!, de acuerdo —dijo Javier.

—*Where the way is dark and night is cold, I'll meet you further on up the road* —cantó Roberto.

—¿De quién es esa canción?

—¡De quién va a ser!

—Es una estrofa de una canción de Bruce Springsteen y su traducción más o menos dice así: «donde el camino sea gris y la noche fría, allí te encontraré, más adelante en el camino». Para mí significa que la transmisión del conocimiento tiene que ser bidireccional, en ambos sentidos (una de las cosas más importante entre los seres humanos): yo lo hacía antes de que vinieseis aquí; vosotros lo habéis hecho hoy, y todos tenemos que seguir haciéndolo. Hoy, sin duda, lo hemos conseguido. La estrofa de la canción significa que cuando alguien necesite ayuda podrá encontrarla más adelante en el camino. Tenemos que seguir transmitiendo el conocimiento, y de los mediocres, que nos lo intentarán impedir y que dudan de por qué alguien se dedica a enseñar algo, huir como de la peste.

—Tomo nota —dijo Andréu.

Todos sabían, cuando vieron que Roberto se levantaba, que aquel maravilloso día había llegado a su fin.

Ya en la puerta de la casa, mientras se despedían, Andréu dijo:

—Me encantaría invitaros un fin de semana a Barcelona para que conozcáis a mi mujer.

—Me parece una buena idea —dijo Roberto después de esperar la aprobación en la mirada de Carmen.

Al salir de la casa, ya en la calle, Javier preguntó:

—¿No me dijiste que querías ver el coche? ¿Por qué no se lo has pedido?

—Tienes razón, pero no me ha parecido prudente. De todos modos lo veremos.

Doblaron la esquina, y en un recodo escondido se sentaron en un puesto donde sirven ostras a cualquier hora del día; pidieron una docena y una copa de vino blanco cada uno, y se dispusieron a esperar pacientemente el momento en que se abriese la puerta del garaje del *loft*.

Ellos veían desde donde se encontraban, pero a ellos no se les podía ver: eran unos *voyeur* perfectos.

A los veinte minutos, la puerta automática se abrió y el flamante deportivo apareció.

—Roberto tenía razón. Quién soy yo para criticar qué hacer con el dinero una vez conseguido su objetivo —murmuró Andréu mientras contemplaba cómo se alejaban Carmen y Roberto.

—Te lo dije. No se puede criticar a alguien en base a suposiciones; hay que ser más cauto: conocer y después opinar.

—No lo volveré a hacer jamás.

—Ya somos dos —añadió Javier.

—Gracias, Javier, por darme la oportunidad de ser tu amigo, darme la oportunidad de venir hasta aquí a esta fantástica jornada de aprendizaje.

—Ha sido un placer; pero no me vuelvas a llamar tan temprano si no quieres perder mi amistad —dijo Javier irónicamente.

—Qué te parece si cenamos en lo «viejo» de San Sebastián —propuso Andréu Malfiat.

—Me parece una idea estupenda.

—Conozco un sitio que ponen unos «pinchos» impresionantes.

—¡Venga ya!

—¿No crees que yo te pueda enseñar algo? —preguntó Andréu.

—Por supuesto que sí. Todos podemos aprender de todos.

—Vamos allá —dijo Andréu mientras hacía una seña al camarero francés para que le trajese la cuenta.

INFORMACIÓN

Espero tus comentarios en <www.muevetudinero.com>